人として心が豊かになる
仏事とおつとめ
蓮宗

立正大学教授
庵谷行亨◎監修

青志社

はじめに

現実をまっすぐに見つめ、毎日を強く生きよう

「親父ももう年だし、そろそろ葬儀のことも考えておかなければいけないな。うちの宗派は、たしか日蓮宗だった」

「私もこれまでの人生より、これからの人生のほうが短くなった。そんなことを思いながら行く末を考えていると、仏壇に手を合わせていた亡き父のことが頭をよぎった」

仏教を〝感じる〟のは、こんなときではないでしょうか。いずれにしても、仏教と死を結びつけて考えるのが一般的なのかもしれません。それもそのはず、ほとんどの方がお葬式や法事、それにお盆とお彼岸ぐらいしか仏教と接する機会がないのが現実です。

子供のころは毎朝、祖父母や両親に「仏さまに手を合わせなさい」といわれた方も多いことでしょう。いわれるままに仏壇に向かって手を合わせると、なぜかホッとして清々《すがすが》しい気持ちになったのではないでしょうか。

それが、高度経済成長時代を迎えて人口の流動が激しくなり、また核家族化が進むにつれて、

そんな心を豊かにしてくれる習慣が薄らいできました。

そもそも仏教とは「死者」のためにあるのではありません。幸せに生きるためにお釈迦さまが説いた「生きている者」への教えなのです。

お釈迦さまは「人生は苦である」といっています。苦とは単に〝つらい〟〝苦しい〟ということではありません。思いどおりにならない現実と、思いどおりにしたいという自分の欲求に板挟みになる苦しみです。そこでお釈迦さまは「現実を冷静に見つめることで、自分の思いどおりにしたいという執着がなくなれば、やすらかな気持ちになれる」という真理に至ったのです。これがお釈迦さまの悟りです。

インドから中国、そして日本へ、お釈迦さまの教えをどうやって人々に伝えたらよいのか、高僧たちは考えました。だから、たくさんの宗派ができました。日蓮宗は、『法華経』の教えをもとに日蓮聖人が開いた宗派です。聖人はどのような圧迫や苦難にもめげず題目をひろめ、すべての人々の幸せと社会平和の実現につとめました。仏事作法はもちろん、その教えにもふれて、人生の指針として活かしていただければ幸いです。

目次

日本人として心が豊かになる仏事とおつとめ　日蓮宗

第3章 日蓮宗の仏壇とおつとめ

第4章

日蓮宗の行事としきたり

第5章

日蓮宗のお葬式

❷ 開眼法要・納骨法要

❸ お墓参りの心得

第8章 心が豊かになる日蓮聖人の名言

第1章

10分でわかる日蓮宗

❶日蓮聖人が開いた日蓮宗
❷『法華経』とは何か
❸法具の特徴と加持祈祷
❹日蓮宗の総本山とゆかりのお寺

『法華経』を最高経典とする日蓮宗

　開祖の名前がそのまま宗名になっている仏教宗派は、日蓮宗だけです。日蓮聖人が立教開宗した鎌倉時代以降「法華宗」と呼ばれていましたが、明治時代になって正式に「日蓮宗」と名乗るようになりました。いずれにしても、日蓮聖人が永遠のカリスマ的指導者であることは、疑いもない事実です。

　鎌倉時代は、民衆仏教が開花した時代です。平安時代中期以降、伝教大師《でんぎょうだいし》最澄《さいちょう》（天台宗）や弘法大師《こうぼうだいし》空海《くうかい》（真言宗）の活躍により、仏教は少しずつ国家権力や貴族から自立し、民衆に近づきつつありました。そして平安末期から鎌倉時代に入ると、仏教は一気に民衆のものになりました。

　人々は、戦乱、天災、疫病がつづく末法《まっぽう》の世にただ恐れおののいていましたが、そこに誕生した鎌倉新仏教はどれかひとつの修行に専念する教えでした。念仏の実践を説いた法《ほう》然《ねん》上人（浄土宗）、親鸞《しんらん》聖人（浄土真宗）、禅の実践を説いた栄西《えいさい》禅師（臨済宗）、道元《どうげん》禅師（曹洞宗）などが次々と新宗派を開き、その教えのわかりやすさが民衆の心をつかみました。そして鎌倉新仏教の最後に登場したのが日蓮聖人です。聖人は、『法華経《ほけきょう》』こそ国家と人々を救う唯一無二の経典であるとして、「南無《なむ》妙法蓮《みょうほうれん》華《げ》経《きょう》」の題目の実践を説きました。

日蓮宗の本尊は久遠実成の釈迦牟尼仏

本尊とは信仰のよりどころとする仏さまのことです。日蓮宗の本尊は、『法華経』如来《にょらい》寿量品《じゅりょうほん》（14頁参照）に説かれている「久遠実《くおんじつ》成《じょう》の釈迦牟尼仏《しゃかむにぶつ》」（永遠の救いを実現するお釈迦さま）です。

それは、次のように説かれています。

「北インドの釈迦族のプリンスとして生まれ、菩提樹《ぼだいじゅ》の下で悟りを開いたとされる釈迦牟尼

末法とは

仏教では、お釈迦さまの滅後を「正法《しょうぼう》」「像法《ぞうほう》」「末法《まっぽう》」の3つの時代に分ける“末法思想”がいわれてきました。

お釈迦さまの教えが正しく行なわれている正法の時代は1000年だけで、やがて形だけとなる像法の時代となり、それが1000年つづき、末法の時代になると仏道修行をしても救われないというのです。

伝教大師最澄が書いたと伝えられる『末法灯明記《まっぽうとうみょうき》』には1052年に末法に入るとあり、平安時代末期の人々は戦乱や災害がつづく毎日にいよいよ不安をつのらせていました。

仏（お釈迦さま）は、実は仮の姿であり、本当は何度もいろいろな姿で生まれ変わり、迷えるものに教えを説きつづけている永遠の仏さまである」――つまり、『法華経』如来寿量品に登場する釈迦牟尼仏は久遠の過去に悟りを開いた真実の仏さま（久遠本仏《くおんほんぶつ》、16頁参照）であり、未来永劫《えいごう》に私たちを見守っていてくださるということです。

日蓮宗の家庭の仏壇では、本尊として「大《だい》曼荼羅本尊《まんだらほんぞん》」（46頁参照）をまつります。中央には独特の筆法で「南無妙法蓮華経」の題目が大きく書かれ、そのまわりに釈迦牟尼仏はもちろん、『法華経』に登場する諸仏諸天が文字であらわされています。

「南無妙法蓮華経」とは絶対の誓いの言葉

「南無妙法蓮華経」の「南無」には、帰依《きえ》（信じてすがること）、命がけで従う、敬う、などの意味があります。「妙法蓮華経」とは『法華経』の正式名称です。

つまり、「南無妙法蓮華経」ととなえることは、「私は『法華経』の教えに命がけで従います」という誓いの言葉です。

この題目を心に念じてとなえることを「唱題」といいます。そして日蓮宗では、唱題をもっとも大切な修行としています。

日蓮宗の根本聖典『法華経』とは

『法華経』は紀元前後、インドで書かれたと推定されています。それがシルクロードを経て中国に伝わり、漢訳されました。いくつかの漢訳がありますが、鳩摩羅什《くまらじゅう》という翻訳僧の訳がもっとも有名です。中国から日本へ伝わったのは六世紀のことです。

日本ではじめて『法華経』について説いたのは聖徳太子《しょうとくたいし》です。太子は注釈書として『法華義疏《ほっけぎしょ》』を著し、『法華経』は仏教の根幹ともいえる最重要経典であると述べています。

その後、伝教大師最澄が『法華経』の教えを中心として天台宗を開きました。

日蓮聖人は、天台宗総本山の比叡山《ひえいざん》で学び、さらに聖徳太子ゆかりの四天王寺《してんのうじ》に遊学するなどして、『法華経』こそ国家と人々を救う唯一無二の経典であると確信したのです。

『法華経』はドラマチックなお経

『法華経』は、全八巻二十八品《ほん》（章）からなる長編で、それぞれが独立したお経として、日常のおつとめや法要で読まれています。

全体の構成は次頁のとおり。

●『法華経』の構成

『妙法蓮華経』 — 二門六段

- 迹門
  - 序分
    - 序《じょ》品《ほん》 第一
  - 正宗分
    - 方《ほう》便《べん》品《ぼん》 第二（16・64頁参照）
    - 譬《ひ》喩《ゆ》品《ほん》 第三
    - 信《しん》解《げ》品《ほん》 第四
    - 薬《やく》草《そう》喩《ゆ》品《ほん》 第五
    - 授《じゅ》記《き》品《ほん》 第六
    - 化《け》城《じょう》喩《ゆ》品《ほん》 第七
    - 五《ご》百《ひゃく》弟《で》子《し》受《じゅ》記《き》品《ほん》 第八
    - 授《じゅ》学《がく》無《む》学《がく》人《にん》記《き》品《ほん》 第九
  - 流通分
    - 法《ほっ》師《し》品《ほん》 第十
    - 見《けん》宝《ほう》塔《とう》品《ほん》 第十一
    - 提《だい》婆《ば》達《だっ》多《た》品《ほん》 第十二（18頁参照）
    - 勧《かん》持《じ》品《ほん》 第十三
    - 安《あん》楽《らく》行《ぎょう》品《ほん》 第十四
- 本門
  - 序分
    - 従《じゅう》地《じ》涌《ゆ》出《じゅっ》品《ぽん》 第十五
  - 正宗分
    - 如《にょ》来《らい》寿《じゅ》量《りょう》品《ほん》 第十六（17・68頁参照）
  - 流通分
    - 分《ふん》別《べつ》功《く》徳《どく》品《ほん》 第十七
    - 随《ずい》喜《き》功《く》徳《どく》品《ほん》 第十八
    - 法《ほっ》師《し》功《く》徳《どく》品《ほん》 第十九
    - 常《じょう》不《ふ》軽《きょう》菩《ぼ》薩《さつ》品《ほん》 第二十
    - 如《にょ》来《らい》神《じん》力《りき》品《ほん》 第二十一（18頁参照）
    - 嘱《ぞく》累《るい》品《ほん》 第二十二
    - 薬《やく》王《おう》菩《ぼ》薩《さつ》本《ほん》事《じ》品《ほん》 第二十三
    - 妙《みょう》音《おん》菩《ぼ》薩《さつ》品《ほん》 第二十四
    - 観《かん》世《ぜ》音《おん》菩《ぼ》薩《さつ》普《ふ》門《もん》品《ぼん》 第二十五（18頁参照）
    - 陀《だ》羅《ら》尼《に》品《ほん》 第二十六
    - 妙《みょう》荘《しょう》厳《ごん》王《のう》本《ほん》事《じ》品《ほん》 第二十七
    - 普《ふ》賢《げん》菩《ぼ》薩《さつ》勧《かん》発《ぼっ》品《ぼん》 第二十八

《迹門《しゃくもん》》（第一〜第十四）と《本門《ほんもん》》（第十五〜第二十八）に大きく分かれ、それぞれが序《じょ》分《ぶん》・正宗分《しょうしゅうぶん》・流通分《るつうぶん》の三段ずつに分かれているので「二門六段」と呼ばれています。

各品（章）の構成は、通常の文章である散文形式と、「偈《げ》」と呼ばれる詩文形式の部分からなっていて、日常のおつとめなどでよく拝読されるのは偈の部分です。

《迹門》は《本門》への導入部分で、『法華経』こそ最高の経典であるという内容が説かれています。そして、本論は《本門》にあります。ここで、お釈迦さまが久遠本仏であることがはじめて明かされ、この教えを信じ、実践する者は永遠の幸せに至ることができることが示されるのです。

『法華経』には、お釈迦さまが人々を真理へ導く方法として、さまざまな比喩《ひゆ》を用いてドラマチックに描かれています。それが、現代においても多くの人々に親しまれている理由のひとつです。

『法華経』の三大思想

日蓮聖人は、『法華経』には「一乗妙法《いちじょうみょうほう》」「久遠実成《くおんじつじょう》」「菩薩行道《ぼさつぎょうどう》」の三大思想が説かれていると読み解きました。

●一乗妙法　「誰でも救える真実の教えは一

つである」ということです。それを説いている『法華経』は、お釈迦さまの究極の教えだとしています。

●久遠本仏　「お釈迦さまは久遠の過去から永遠に救済をつづけている仏さまである」ということです。実際にお釈迦さまは『法華経』如来寿量品のなかで、「私は悟りを開いてから今日に至るまで、はかり知れないほどの歳月を生きている。過去・現在・未来にわたって永遠に教えを説き、迷えるものを悟りの道へ導いている」と語っています。

●菩薩行道　菩薩とは、成仏できる資格を持ちながらも、苦悩する人々を救済するためにこの世にとどまって修行をつづけているもののことです。日蓮聖人は「『法華経』の布教こそが真の菩薩としての修行であり、道である」と確信しました。

そして日蓮聖人は、この三大思想にもとづいて、全身全霊を込めて『法華経』の布教に打ち込んだのです。

日蓮宗で重視される『法華経』の二大柱

日蓮宗において『法華経』のなかでもっとも重要とされるお経は方便品《ほうべんぼん》と如来寿量品で、この二つが二大柱となっています。

●方便品　おもに「一乗妙法」について説か

れています。つまり、真実の教えは一つであるけれども、人々の能力に応じて〝方便〟（教え導く便宜的な手段）を用いて説いているということです。

方便という言葉は、現代では「嘘《うそ》も方便」というように、言い逃れ、その場しのぎ、といった使われ方をする場合が多いようですが、本来は人々のためになる便宜的な手法であり、自分の利益のために利用するものではないのです。

●如来寿量品　『法華経』の真髄といわれ、おもに「久遠本仏」について説かれているお経です。その偈文を『自我偈《じがげ》』といい、如来寿量品の内容が詩文として簡潔にまとめられています。このなかで、お釈迦さまはこう述べています。

「久遠本仏であるはずの私がなぜ、入滅したのかという疑問が涌《わ》いてくるであろう。それは人々を導くための方便である。つまり、私が入滅した姿を見せることによって、あなたたちは私を供養し、私（仏さま）に会いたいと信心の心を起こすはずだ。そのように人々を導くことができるなら、私は何度でも入滅してみせよう。このように私はいつも人々を悟りへ導くことを思いつづけているのである」

この『自我偈』は日蓮宗の最重要な教えとして、日常のおつとめや法要などあらゆる場面で読まれます。

『法華経』が示す さまざまな救済

このほか、『法華経』のなかでよく読まれるのは、提婆達多品《だいばだったほん》、如来神力品《にょらいじんりきほん》、観世音菩薩普門品《かんぜおんぼさつふもんぼん》です。簡単に、お経の内容を紹介しましょう。

●提婆達多品　『法華経』を信じるものは誰でも救われることが説かれています。

その例として、前半に大悪人である提婆達多の救済（悪人成仏）と、後半に龍王のわずか八歳の娘がたちまち成仏したこと（女人成仏）が説かれています。

●如来神力品　お釈迦さまが『法華経』の教えが真実である証《あかし》に神通力《じんつうりき》を示し、自分の滅後、上行菩薩《じょうぎょうぼさつ》を筆頭とする大地から涌き出した無数の菩薩たちに布教を託したことが説かれています。日蓮聖人は、この上行菩薩の応現（姿を現すこと）であるという自覚のもとに『法華経』の布教者となったのです。

●観世音菩薩普門品　人々の救いを求める声に応じて、さまざまな姿で現れ、たちどころに救ってくれる観世音菩薩は、「観自在菩薩《かんじざいぼさつ》」ともいわれ、通常「観音《かんのん》さま」として親しまれています。そのため『観音経《かんのんぎょう》』と呼ばれ、日蓮宗だけでなく、天台宗や真言宗、禅宗でもよく読まれています。

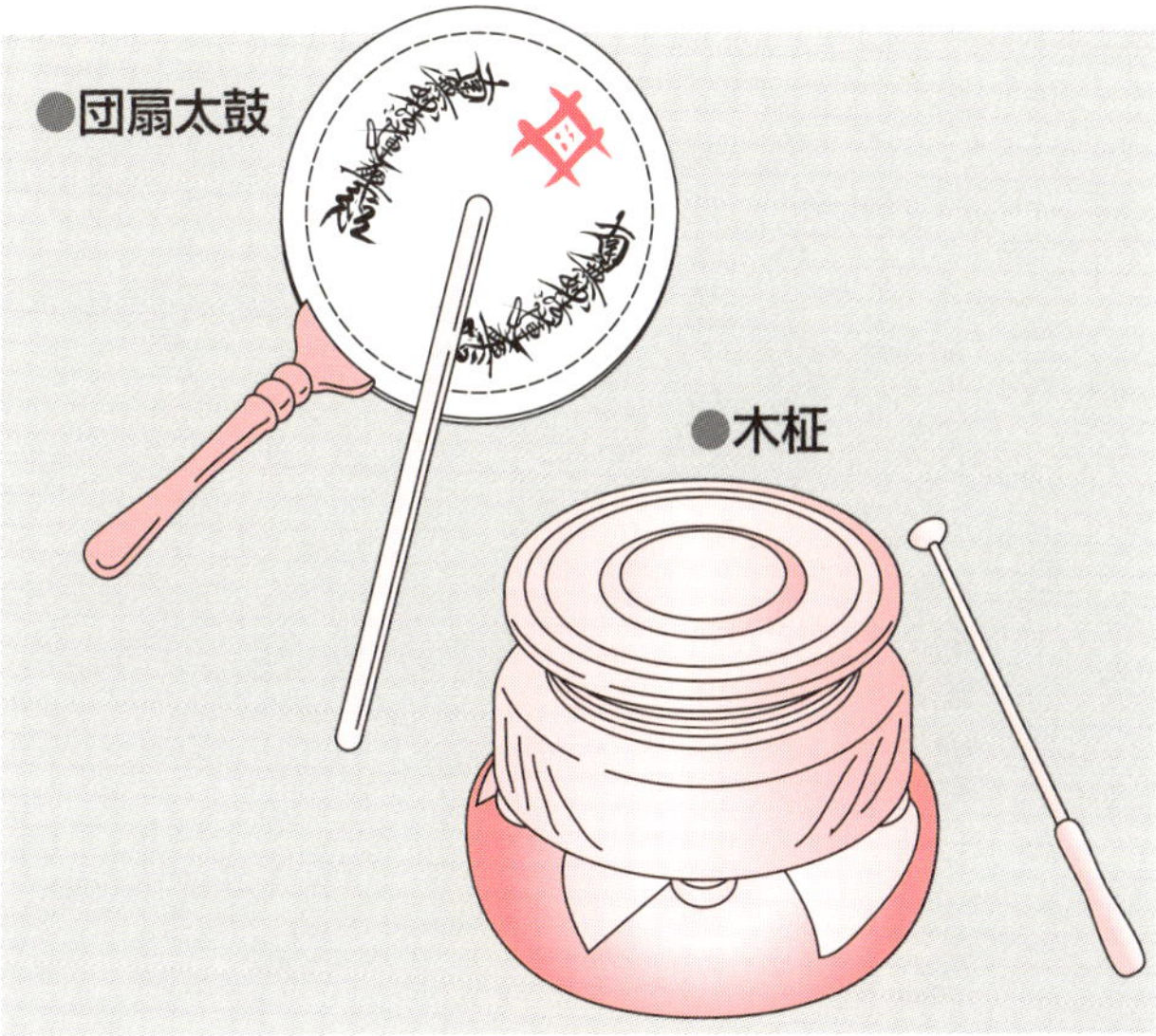

『法華経』の威力を轟かせる団扇太鼓

仏教では、お経をとなえるときや合図のために、さまざまな鳴り物の法具が用いられます。日蓮宗の特徴的な法具として、まずは、「南無妙法蓮華経」の題目をとなえるときに打ち鳴らす団扇太鼓《うちわだいこ》があります。

これは題目のリズムをとるためばかりではなく、『法華経』の威力を、うなりをあげて響く太鼓の音色にみたてて打ち鳴らします。こうして周囲の人々に菩提心《ぼだいしん》を引き起こさせるのです。

団扇太鼓は、お寺の本堂にある太鼓（法鼓《ほっく》）の持ち運び用として考案されたものです。題目をとなえながら行脚《あんぎゃ》することを「撃鼓唱題《ぎゃっくしょうだい》」といいますが、このときに使われます。撃鼓唱題は交通事情により現在はあまり行なわれなくなりましたが、池上本門寺《いけがみほんもんじ》の御会式《おえしき》（86頁参照）などで見ることができます。

日蓮宗の多くのお寺には団扇太鼓が多数用意され、法要の際に全員で打ち鳴らします。また、団扇太鼓は檀信徒の家庭でのおつとめにも使われます。

それからもうひとつ、木柾《もくしょう》が使われます。木柾は、金属製の鉦鼓《しょうこ》を木製にしたもので、木魚のように読経《どきょう》の拍子をとるために使う日蓮宗独特の法具です。

大荒行を修めた修法師による木剣加持

加持祈祷というと密教や神道をイメージする方も多いかと思いますが、日蓮宗にも独特の祈祷法がいまに伝わっています。

ただ、日蓮宗の僧侶の誰にでも加持祈祷が許されているわけではありません。法華経寺《ほけきょうじ》（23頁参照）にある祈祷修行道場「大荒行堂《だいあらぎょうどう》」が日蓮宗唯一の加行所《けぎょうしょ》です。ここで一〇〇日間におよぶ「大荒行」と呼ばれる厳しい修行を終えた僧侶のみが、日蓮宗の修法師《しゅほっし》として

●修法師と木剣

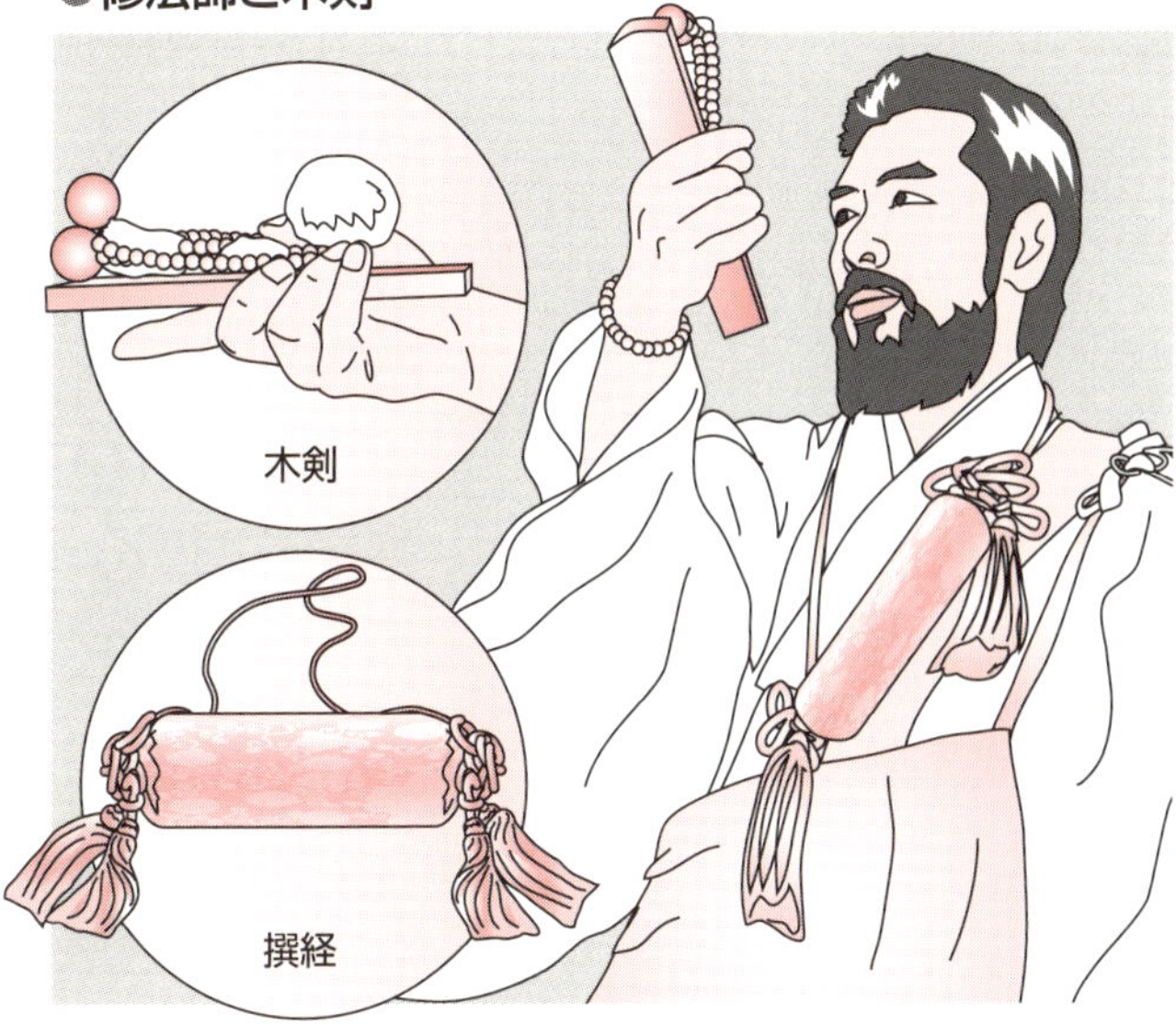

檀信徒に加持祈祷を行なえるのです。

日蓮宗の祈祷法は、「木剣加持《ぼっけんかじ》」という独特のものです。木剣とは小型の木刀のこと。木剣と数珠を重ねて持ち、数珠の珠《たま》を当てて音を出します。大荒行に耐え抜いた僧にだけ、この木剣が与えられ、修法師となります。

また、修法師は撰経《せんきょう》も授かります。撰経とは首からさげる筒状のもので、このなかに修行中に書写した秘伝の祈祷経が納められています。これをさげていると『法華経』の功徳《くどく》をすべて授かることができるとされています。

木剣加持では、檀信徒の身体に撰経を当てて邪気を払い、新たに『法華経』の功徳を授けます。

法統を伝える総本山　身延山久遠寺

身延山久遠寺《みのぶさんくおんじ》（山梨県身延町）は、日蓮聖人が晩年の九年間を過ごした地に建つ日蓮宗の総本山です。御廟所《ごびょうしょ》もあり、〝日蓮聖人の魂が棲《す》むところ〟という意味から「棲神《せいしん》の地」と呼ばれています。一二七四年、佐渡流罪《るざい》をゆるされた聖人が檀越《だんのつ》（施主）で身延山領主の波木井実長《はきいさねなが》に迎えられて草庵《そうあん》に住したのが、久遠寺のはじまりです。

聖人が故郷の房総をのぞんで両親をしのんだ山頂に建つ思親閣《ししんかく》（奥之院）ほか、見どころは多数あります。現在、山頂へはロープウエーで登れます。また、宝物館には、「大曼《だいまん》荼羅本尊《だらほんぞん》」をはじめとする日蓮聖人真筆などが格護《かくご》（大切に守ること）されています。

ぜひ参詣したい　日蓮聖人ゆかりのお寺

日蓮聖人はたび重なる法難により、一生を旅するように終えました。そうした聖人ゆかりの霊跡にはお寺が建てられ、「霊跡寺院」として多くの参詣者を集めています。

●**誕生寺《たんじょうじ》（千葉県鴨川市）**

日蓮聖人誕生の地。一二七六年に生家跡に

建てられましたが、江戸元禄年間の大地震による津波で流され、現在地に移転されました。

●**清澄寺《せいちょうじ》（千葉県鴨川市）**

日蓮聖人が出家得度《しゅっけとくど》したお寺です。比叡山での遊学を終えた聖人は、一二五三年にこの地で立教開宗を宣言しました。

●**法華経寺《ほけきょうじ》（千葉県市川市）**

宗門唯一の祈祷修行道場。有力信徒の富木《とき》常忍《じょうにん》（日常《にちじょう》）が自邸を法華寺としたのがはじまりです。寺宝には日蓮聖人真筆の国宝『立《りっ》正安国論《しょうあんこくろん》』『観心本尊抄《かんじんほんぞんしょう》』などがあります。

●**仏現寺《ぶつげんじ》（静岡県伊東市）**

伊豆流罪のときに日蓮聖人が過ごした伊東氏の持仏堂《じぶつどう》（毘沙門堂《びしゃもんどう》）跡に建てられました。

●**本門寺《ほんもんじ》（静岡県富士宮市）**

六老僧（六人の本弟子）のひとり、日興《にっこう》が開いたお寺です。通称「富士山本門寺」「北山本門寺」。

●**龍口寺《りゅうこうじ》（神奈川県藤沢市）**

日蓮聖人は佐渡流罪となり、護送される途中に密かに斬首《ざんしゅ》されそうになりました。その生涯最大の危機に遭った地に建つお寺です。

●**本門寺《ほんもんじ》（東京都大田区）**

通称「池上本門寺」。地続きにある大坊本《だいぼうほん》行寺《ぎょうじ》が日蓮聖人入滅の地です。

●**妙顕寺《みょうけんじ》（京都市上京区）**

孫弟子の日像《にちぞう》が幾多の法難に耐えて、日蓮聖人の悲願だった帝都（京都）開教を達成。

その後、後醍醐《ごだいご》天皇の勅願寺《ちょくがんじ》となりました。

●本圀寺《ほんこくじ》（京都市東山区）

日蓮聖人がはじめて鎌倉松葉谷《まつばがやつ》に結んだ草庵がはじまり。その後、日静《にちじょう》が光明《こうみょう》天皇の勅命により京都に移しました。

●根本寺《こんぽんじ》（新潟県佐渡市）

佐渡流罪のときに日蓮聖人が最初の一年を過ごした塚原三昧堂《つかはらさんまいどう》の地に建てられました。

●妙照寺《みょうしょうじ》（新潟県佐渡市）

塚原三昧堂から転居したあと、佐渡流罪をゆるされるまでのあいだを過ごした一ノ谷《いちのさわ》の地に建ちます。日蓮聖人はここで主著となる『観心本尊抄《かんじんほんぞんしょう》』を著しました。

●実相寺《じっそうじ》（静岡県富士市）

日蓮聖人は、大雨や大地震などがつづく理由を探そうと、このお寺の経蔵《きょうぞう》にこもってすべてのお経を読みました。そして『立正安国《りっしょうあんこく》論《ろん》』の構想を練ったとされています。

日蓮宗には、このほかにも由緒あるお寺が多くあります。ここでは参詣者でにぎわうお寺を紹介します。

●題経寺《だいきょうじ》（柴又帝釈天《しばまたたいしゃくてん》）（東京都葛飾区）

「フーテンの寅さん」で有名。庚申《こうしん》の日が縁日で、江戸時代からの観光名所です。

●法明寺《ほうみょうじ》（鬼子母神《きしもじん》）（東京都豊島区）

「雑司ヶ谷《ぞうしがや》の鬼子母神」として知られ、安産・子育てに霊験があるとされています。

第2章

日蓮宗の歴史

❶宗祖日蓮聖人の生涯
❷六老僧と教団の分裂
❸日像の京都進出と門下の発展
❹〝不受不施〟論争と在家宗団化
❺明治維新以降の日蓮宗

漁師の子として誕生し、一六歳で得度

日蓮聖人は、鎌倉時代の一二二二年に安房《あわ》国東条郷片海《くにとうじょうのごうかたうみ》（現在の千葉県鴨川市小湊《こみなと》）に漁師の子として生まれました。幼名を善日麿《ぜんにちまろ》といいます。出自ははっきりしませんが、おそらく網元のような家柄だったと思われます。

善日麿は一二歳で父母のもとを離れて近くの清澄寺《せいちょうじ》にのぼり、薬《やく》王丸《おうまる》と名づけられました。清澄寺は天台宗の名刹《めいさつ》で、無量の智慧《ちえ》と福徳をそなえるという虚空蔵《こくうぞう》菩薩《ぼさつ》を本尊としていました。その恵みにあずかろうと、この地方では古くから子供を清澄寺で勉学させる風習があったようです。

幼少より貧しさに苦しむ人々を救いたいと願ってきた薬王丸は一六歳のとき、道善房《どうぜんぼう》のもとで正式に出家得度《しゅっけとくど》して、名を是聖房蓮長《ぜしょうぼうれんちょう》と改めました。勉学が進むにつれ、さらに深く広く学びたいという思いがつのり、一八歳で鎌倉へ遊学。それでも足りず、天台宗の総本山比叡山《ひえいざん》にのぼり、聖徳太子《しょうとくたいし》ゆかりの四天《してん》王寺《のうじ》、奈良の諸大寺、高野山《こうやさん》などを訪ね歩き、真の仏教とは何かを探求しつづけました。

立教開宗宣言と『立正安国論』の献上

遊学中に耳にしたのは念仏をとなえる声ばかりで、聖徳太子が信仰し、伝教大師《でんぎょうだいし》最澄《さいちょう》によってひろめられた『法華経』の教えがいまや捨て去られようとしていました。

ついに三二歳のとき、『法華経』こそ、この混乱した世を救う唯一無二の教えであると確信。故郷の清澄寺にもどり、昇りくる朝日に向かって「南無妙法蓮華経《なむみょうほうれんげきょう》」と題目を声高らかにとなえました。これが立教開宗の宣言でした。

清澄寺で大衆を前に「この世をはかなんで〝南無阿弥陀仏《なむあみだぶつ》〟と念仏をとなえ、極楽往生《おうじょう》を願う念仏信仰はまちがっている。いま、私たちを救いうるのは、お釈迦さまの究極の教えである『法華経』を信じることだけだ」と説くと、熱心な念仏信徒で地頭の東条景信《とうじょうかげのぶ》の怒りにふれ、清澄寺を追われてしまいます。

その後、鎌倉に出て「日蓮」と名乗り、辻《つじ》説法《せっぽう》をはじめますが、そのころ鎌倉では大地震や大雨、飢饉《ききん》、疫病など災害がつづきました。災害が起こる原因を究明し、人々の安穏を実現する教えを求めて、日蓮聖人は、実相《じっそう》寺《じ》（静岡県富士市）の経蔵にこもりました。

そして、書き上げた『立正安国論《りっしょうあんこくろん》』を鎌倉

幕府前執権《さきのしっけん》北条時頼《ほうじょうときより》に献上したのです。

相次ぎ四大法難に遭う

『立正安国論』には、「いますぐに念仏信仰をやめて、『法華経』に帰依《きえ》しなければ、災害だけでなく、内乱が起こり、他国からも侵略を受けるだろう」と書かれていました。

それを知った念仏信徒たちは怒って、松葉谷《まつばがやつ》にあった日蓮聖人の草庵《そうあん》を焼き討ちにしました。これを松葉谷法難といいます。

聖人は奇跡的に脱出して、下総《しもうさ》（千葉県北部）の有力信徒富木常忍《ときじょうにん》（のちの日常《にちじょう》）のもとへ逃れました。

翌年、鎌倉にもどりますが幕府に捕らえられ、伊豆の伊東に流されました。

この伊豆法難では、俎板岩《まないたいわ》に置き去りにされた日蓮聖人を助けた船守弥三郎《ふなもりやさぶろう》夫妻に法華経信仰を説き、地頭の伊東八郎左衛門《いとうはちろうざえもん》の病を治しました。

日蓮聖人は約二年間の伊豆流罪《るざい》をゆるされると鎌倉にもどり、翌年、父の墓参と母の病を見舞うため故郷に帰りました。その後、檀《だん》越《のつ》の天津《あまつ》城《じょう》城主工藤吉隆《くどうよしたか》の屋敷に向かう途中の小松原《こまつばら》の地で、東条景信らの奇襲に遭い、弟子の鏡忍房《きょうにんぼう》が殺され、聖人も眉間《みけん》に傷を受けました。このときの傷は、寒さで生涯痛んだといいます。これが小松原法難です。

日蓮聖人の説法は、いよいよ激しく他宗を批難し、「折伏《しゃくぶく》」といわれました。

小松原法難から三年後、蒙古《もうこ》（モンゴル帝国）から国書が届きました。それは聖人の予言どおり、他国からの侵略を示していました。

日蓮聖人は再度、幕府に『立正安国論』を提示し他宗との公場対論を要請しますが、捕らえられてしまいます。表向きは佐渡流罪でしたが龍口《たつのくち》刑場に送られて密かに斬首《ざんしゅ》される寸前、奇跡が起こりました。対岸の江の島より月のようなものが飛来したため斬首は中止され、日蓮聖人は九死に一生を得たのです。しかし弟子たちも牢《ろう》に捕らえられ、多くの信徒が離れていきました。「少々の難は数知れず、大難四箇度《しかど》なり」と聖人みずからいっていますが、この龍口法難が最大の危機でした。

四度の法難も日蓮聖人の信念を打ち砕くことはできませんでした。聖人は「大難なくば、法華経の行者にはあらじ」と述べて、『法華経』を身に読む悦《よろこ》びとして受け止めました。

佐渡での流人生活と身延山隠棲

佐渡に流されて最初の一年は、塚原三昧堂《つかはらさんまいどう》という、死者を葬る地のあばら屋で過ごしました。板のすき間から雪が降り積もるなか、『開目抄《かいもくしょう》』を著し、鎌倉の信徒で武士の四条《しじょう》金吾《きんご》を通じて門下に示しました。そのなかには、「われ日本の柱とならん、われ日本の眼目とならん、われ日本の大船とならん」という三大誓願が記されています。

翌年には、一ノ谷《いちのさわ》の草庵に移されました。この地で『観心本尊抄《かんじんほんぞんしょう》』を著し、下総の富木常忍に送りました。そしてその内容を「大曼《だいまん》荼羅本尊《だらほんぞん》」として図顕《ずけん》しました（46頁参照）。

佐渡に流されて生きて帰る人はいないといわれていましたが、日蓮聖人は約二年半を過ごし、ゆるされて鎌倉にもどります。

幕府に呼び出され、蒙古調伏《ちょうぶく》の祈祷を要請された日蓮聖人は、『立正安国論』の趣旨を述べて諫《いさ》めますが、幕府は耳を貸しません。もはや鎌倉で活動する必要はないと判断した聖人は、檀越で甲斐国波木井郷《かいのくにはきいのごう》の領主波木井《はきい》実長《さねなが》の招きを受けて身延山《みのぶさん》におもむきました。すでに五四歳、著述と弟子の育成に努めることにしたのです。『撰時抄《せんじしょう》』『報恩抄《ほうおんじょう》』を著し、身延山には多くの弟子・檀越が集まりました。

日蓮聖人は各地から供養の品々を送ってくれる信徒たちにまめにお礼の手紙を書き、それらは遺文として、いまも大切に格護《かくご》されています。

●日蓮聖人の代表的著述（五大部）

『立正安国論《りっしょうあんこくろん》』	末法の世における国家と人々の救済を説いた書
『開目抄《かいもくしょう》』	『法華経』の布教者としての自覚をあらわした書
『観心本尊抄《かんじんほんぞんしょう》』	日蓮宗の教えの根幹を示した書
『撰時抄《せんじしょう》』	いまこそ『法華経』を信じる「時」であることを説いた書
『報恩抄《ほうおんじょう》』	『法華経』を信じることが報恩であることを説いた書

池上宗仲の屋敷にて六一歳で入滅

身延山入山から二年ほどして、法難に耐えた日蓮聖人の頑強な身体にも支障が見えはじめました。身延山に大坊（のちの久遠寺《くおんじ》）が完成した翌年、常陸《ひたち》（茨城県北東部）の波木井氏の所領に温泉が涌くというので湯治療養に、父母の墓参もかねて向かったのですが、その途中、檀越池上宗仲《いけがみむねなか》の屋敷（のちの池上本門寺、23頁参照）で入滅しました。

日蓮聖人があとを託した六老僧

日蓮聖人は池上邸で亡くなる五日前に、日《にっ》昭《しょう》・日朗《にちろう》・日興《にっこう》・日向《にこう》・日頂《にっちょう》・日持《にちじ》の六人を本弟子と定め、今後も六人が心を一つにして『法華経』を伝えていくように遺言しました。この六人を「六老僧」といいます。

また、日朗の弟子で一四歳の日像《にちぞう》を枕元に呼んで、帝都（京都）開教を託しました。

日蓮聖人の遺骨は遺言のとおり、身延山に納められました。そして、六老僧は各地で布教しながら一カ月交替で身延山の日蓮聖人の御廟所《ごびょうしょ》に仕える輪番制度を取り決めました。

しかし、輪番制度は日蓮聖人の三回忌のころにはなし崩しとなり、近郊で布教していた日興が中心となって守っていました。ところが領主の波木井実長と日興が不仲となり、日興は身延山をおりてしまいました。そこで、学頭職にあった日向が身延山の運営にあたることになりました。

日蓮教団は五門流に分流

●日興門流　身延山をおりた日興は、大石寺《たいせきじ》（現在の日蓮正宗《にちれんしょうしゅう》総本山、静岡県富士宮市）

●六老僧

日昭 日蓮聖人の最初の弟子。聖人滅後、鎌倉で布教に専念

日朗 日昭の甥で、幼くして入門。多くの弟子を育てる

日興 身延山をおり、富士門流を開く

日向 身延山久遠寺2世となる

日頂 日興とともに日蓮聖人の教えをひろめる

日持 日蓮聖人の宿願、海外伝道を果たす

と、富士山本門寺（23頁参照）を開き、拠点としました。これが日蓮教団のはじめての分流です。

●日向門流　身延山を継承した日向は、後年、弟子に譲って茂原《もばら》の妙光寺《みょうこうじ》（現在の藻原寺《そうげんじ》、千葉県茂原市）に隠棲《いんせい》しました。

●日昭門流　日昭はもと天台宗の僧で、日蓮聖人が鎌倉で辻説法をはじめた当初に入門した最初の弟子です。鎌倉浜土《はまど》に法華寺《ほっけじ》（現在の妙法華寺《みょうほっけじ》、静岡県三島市）を開きました。

●日朗門流　日朗は、鎌倉比企谷《ひきがやつ》の妙本寺《みょうほんじ》と池上本門寺を受け継ぎました。これらは日蓮聖人の有力檀越が自邸を寺院としたものです。

●日常門流　日蓮聖人の有力な信徒だった富木常忍が日蓮聖人滅後、出家して「日常」と名乗り、自邸を法華寺《ほっけじ》（現在の法華経寺《ほけきょうじ》、23頁参照）としました。

　日蓮教団は、この五つの門流からさらに多くの門流に分流していきました（42頁参照）。なお、他の六老僧はというと、日頂は日興門流の学頭として迎えられ、日持は奥州《おうしゅう》（東北地方）・蝦夷《えぞ》（北海道）を経て、中国（元《げん》）に渡ったと伝えられています。

京都開教を果たし、公認宗派となる

鎌倉時代末期になると、政権の移動にとも

ない、教線は西に伸びていきました。

一四歳で日蓮聖人から帝都開教を託された日像は二四歳になっていました。

いよいよ日蓮聖人の遺命を果たすべく『法華経』を写経し、鎌倉由比ヶ浜《ゆいがはま》で一〇〇日間の荒行を行なって成就を祈願しました。

日像 日朗門流の九鳳《くほう》（九老僧）の筆頭。七歳で入門

そして、小湊、佐渡、身延山の霊跡を巡拝したのち、布教しながら北陸路を京都に向かいました。

二年がかりで入洛《にゅうらく》した日像は、その日から辻説法をはじめました。日像の熱意に動かされて商工人を中心に信徒が増えてくると、比叡山をはじめとする他宗の圧力も強くなって、三度洛外に追放されました。

ようやく京都で布教することが認められ、妙顕寺《みょうけんじ》を創建したのは一三二一年でした。

そして一三三四年、鎌倉幕府を倒して〝建《けん》武《む》の新政〟を果たした後醍醐《ごだいご》天皇の勅願寺《ちょくがんじ》となりました。一二九四年に日像が入洛して四〇年目、日蓮教団は天下公認の宗派となったのです。

妙顕寺は南北朝の対立後も、足利《あしかが》将軍家の祈願寺、北朝の勅願寺として公武にゆるぎない地位を占めていきました。そして四条櫛笥《しじょうくしげ》に土地を賜って移転したことから、「四条門流」と呼ばれました。

一三四五年、同じく日朗門流の日静《にちじょう》が京都六条堀川《ろくじょうほりかわ》に鎌倉から本国寺《ほんこくじ》（のちの本圀寺）を移し、「六条門流」と呼ばれました。

一向一揆と天文法華の乱

戦国時代は、一向宗《いっこうしゅう》（浄土真宗）が大名権力と衝突し、各地で一向一揆《いっこういっき》が頻発していました。いっぽう、「京都の大半は法華宗」といわれるほど法華寺院が集中し、信徒の多くは財力を蓄えた町衆《ちょうしゅう》でした。一向一揆を恐れた彼らは、対抗して法華一揆を起こし、京都の支配権を握りました。その勢力を恐れた比叡山僧徒は京都に攻め入り、法華寺院二一カ本山をことごとく破壊しました。これを「天文法華《てんぶんほっけ》の乱」といいます。

それから六年間布教が禁止されましたが、一〇年後には一五カ寺が再建されました。このような法華宗の信仰の強さにキリスト教の宣教師フロイスらは驚嘆し、本国への報告書にそのありさまを記しています。

京都の町衆から生まれた法華芸術

後藤家（刀剣装具の彫金師）

初代の祐乗《ゆうじょう》が妙覚寺《みょうかくじ》の日奥《にちおう》に帰依。彫金の技術は「後藤《ごとう》家彫《けぼり》」「家彫《いえぼり》」などといわれた。幕末まで17代つづいた後藤家には代々、「法華宗のみを信仰し、菩提所《ぼだいしょ》を妙覚寺に定める」などの掟《おきて》に署名するならわしがあったという。

狩野家（絵師）

足利家《あしかがけ》の御用絵師の正信《まさのぶ》を初代とし、「狩野派《かのうは》」として知られる狩野家も妙覚寺の檀越。後藤家とも親交があったという。２代目の元信《もとのぶ》、その孫の永徳《えいとく》、さらにその孫の探幽《たんゆう》がよく知られている。

本阿弥家（刀剣の鑑定・研磨師）

江戸初期に楽茶碗《らくちゃわん》・蒔絵《まきえ》・書などに才能を発揮した光悦《こうえつ》が一族や芸術仲間と移住した京都鷹ヶ峰《たかがみね》にある光悦寺《こうえつじ》が有名。本阿弥家《ほんあみけ》は代々、刀剣の鑑定・研磨を家業とし、中興の清信《きよのぶ》が本法寺《ほんぼうじ》開山の日親《にっしん》に帰依して「本光《ほんこう》」という入道名を受けて以来、「光」の字を入れた法号をいただくようになったという。

また、光悦にはじまる「琳派《りんぱ》」の尾形光琳《おがたこうりん》・乾山《けんざん》兄弟も代々、妙顕寺の檀越として知られている。

狩野永徳「唐獅子図屏風」

禁制宗門とされた不受不施派

織田《おだ》信長《のぶなが》が比叡山を焼き討ちにし、一〇〇年つづいた加賀の一向一揆を平定して京都に入ると、法華宗諸寺の勢いは徐々にそがれていきました。信長が安土《あづち》城下で行なわせた法華宗と浄土宗の公場対論（安土宗論《あづちしゅうろん》）では、策謀により浄土宗が勝ちとされ、相手を言い負かす〝折伏〟から穏やかに説得する〝摂受《しょうじゅ》〟的傾向へ布教方法を転換せざるをえませんでした。

次に、天下を統一した豊臣秀吉《とよとみひでよし》が創建した方広寺《ほうこうじ》の千僧供養会《せんそうくようえ》への出仕をめぐって、京都の法華宗諸本山に受派と不受派の内乱が勃《ぼっ》発《ぱつ》。日蓮聖人在世から守られてきた「僧は法華信徒以外から布施を受けず、信徒も法華僧以外に布施をしない」という〝不受不施《ふじゅふせ》〟の教義に背くことになるとして、妙覚寺《みょうかくじ》の日奥《にちおう》らがあくまで反対したのです。

秀吉の没後も千僧供養会はつづいており、徳川家康《とくがわいえやす》による要請をも拒んだ日奥は一六〇〇年、とうとう対馬《つしま》に流されてしまいました。流罪は一三年にもおよびました。

徳川三代将軍家光《いえみつ》の時代になり、今度は江戸で〝不受不施〟論争が再燃します。日奥に同調して、池上本門寺、誕生寺、法華経寺などが不受を主張したのです。幕府は、受派の代表として久遠寺と、不受派の代表として池上本門寺を江戸城に呼んで話し合わせました。この「身池《しんち》対論」でも和解せず、幕府は七人の僧を追放、日奥を張本人としてふたたび流罪としますが、日奥は二〇日前に死亡していたため亡骸《なきがら》が掘り起こされて対馬に送られました。以後、不受不施派は禁制宗門とされ、明治時代に復興されるまで、地下活動によって信仰されてきました。

江戸末期にはじまる日蓮系の在家宗団化

江戸時代、幕府はキリスト教追放のために、住民はいずれかのお寺に所属しなければならないという檀家《だんか》・寺請《てらうけ》制度を徹底させました。また、厳しい寺院法度《はっと》を定めました。そのため、僧たちは自由に布教することができなくなりました。「葬式仏教」といわれる仏教界の色彩は、ここに端を発しています。こうしたなかで、寺院仏教に飽き足らない在家宗団化が進展していきました。法華宗本門流の在家宗団である佛立講《ぶつりゅうこう》（のちの本門佛立宗《ほんもんぶつりゅうしゅう》）は江戸末期に組織化されました。

現在、仏教系新宗教のなかで圧倒的に多いのは日蓮系です。いずれも在家宗団で、信徒全員が布教師として現世利益《げんぜりやく》を説くわかりやすい教えであることが発展してきた理由です。

神仏分離と日蓮宗の再編成

明治時代になると、新政府の神道《しんとう》の国教化政策と「神仏分離令」発令によって、仏教界は大きな打撃を受けました。

法華宗諸寺においても三十番神《さんじゅうばんじん》信仰の禁止が通達されました。三十番神信仰とは、本地《ほんじ》垂迹《すいじゃく》説と法華経信仰が結びついて、日本国内の三〇の神々が毎日交替で『法華経』の信仰者を守護するというものです。

神仏分離令により、各地で排仏毀釈《はいぶつきしゃく》の嵐が吹き荒れ、お寺や仏像が打ち壊されました。

しかし、仏教界が団結してはたらきかけたことによって「信教自由令」が発令され、少しずつ被害から立ち直りました。

その後も明治政府は仏教各派に対し一宗一管長制を打ち出し、統一教団の結成を要求。また、近代化政策として、僧侶の蓄髪《ちくはつ》、肉食《にくじき》、妻帯《さいたい》などの自由を認めました。

日蓮系諸門流は、一八七二年に「日蓮宗」として一つにまとまりますが、その後、教義の違いから「一致派」と「勝劣派」に二分。一八七六年に身延山久遠寺の住職新居日薩《あらいにっさつ》が一致派の初代管長を兼任し、一致派が「日蓮宗」と公称することとなりました。その後もめまぐるしく分派と独立を繰り返し、現在、

一致派・勝劣派とは

江戸幕府の教学振興策により法華宗諸本山にも20の檀林《だんりん》（学問所）が設けられました。

ところが『法華経』の解釈をめぐって、後半の《本門》を本論であるとしたうえで前半《迹門《しゃくもん》》も後半《本門》も同一の価値づけをする一致派と、《迹門》よりも《本門》に価値があるとする勝劣派に分裂。これにより、日蓮教団の分裂は決定的になりました。

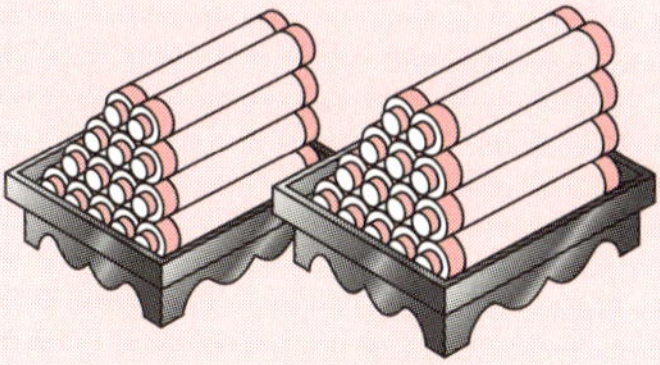

多くの日蓮系宗派があります。
　そのなかで、日蓮宗、顕本法華宗《けんぽんほっけしゅう》、日蓮本《にちれんほん》宗《しゅう》、本門法華宗《ほんもんほっけしゅう》、法華宗本門流《ほんもんりゅう》、法華宗陣門《じんもん》流《りゅう》、法華宗真門流《しんもんりゅう》、本門佛立宗、日本山妙法《にっぽんざんみょうほう》寺《じ》、そして在家宗団である国柱会《こくちゅうかい》が、身延山の御廟所を中心として日蓮聖人の正しい伝統を顕彰するため、「日蓮聖人門下連合会」を結成し、親密な交流をはかっています。
　このほかの日蓮系宗派として、日蓮正宗、日蓮宗不受不施派、不受不施日蓮講門宗などがあります。
　また、在家の巨大新宗教団体である、霊友《れいゆう》会《かい》、立正佼成会《りっしょうこうせいかい》、創価学会《そうかがっかい》などが大正時代から昭和初期にかけて誕生しました。

●日蓮系諸門流と宗派

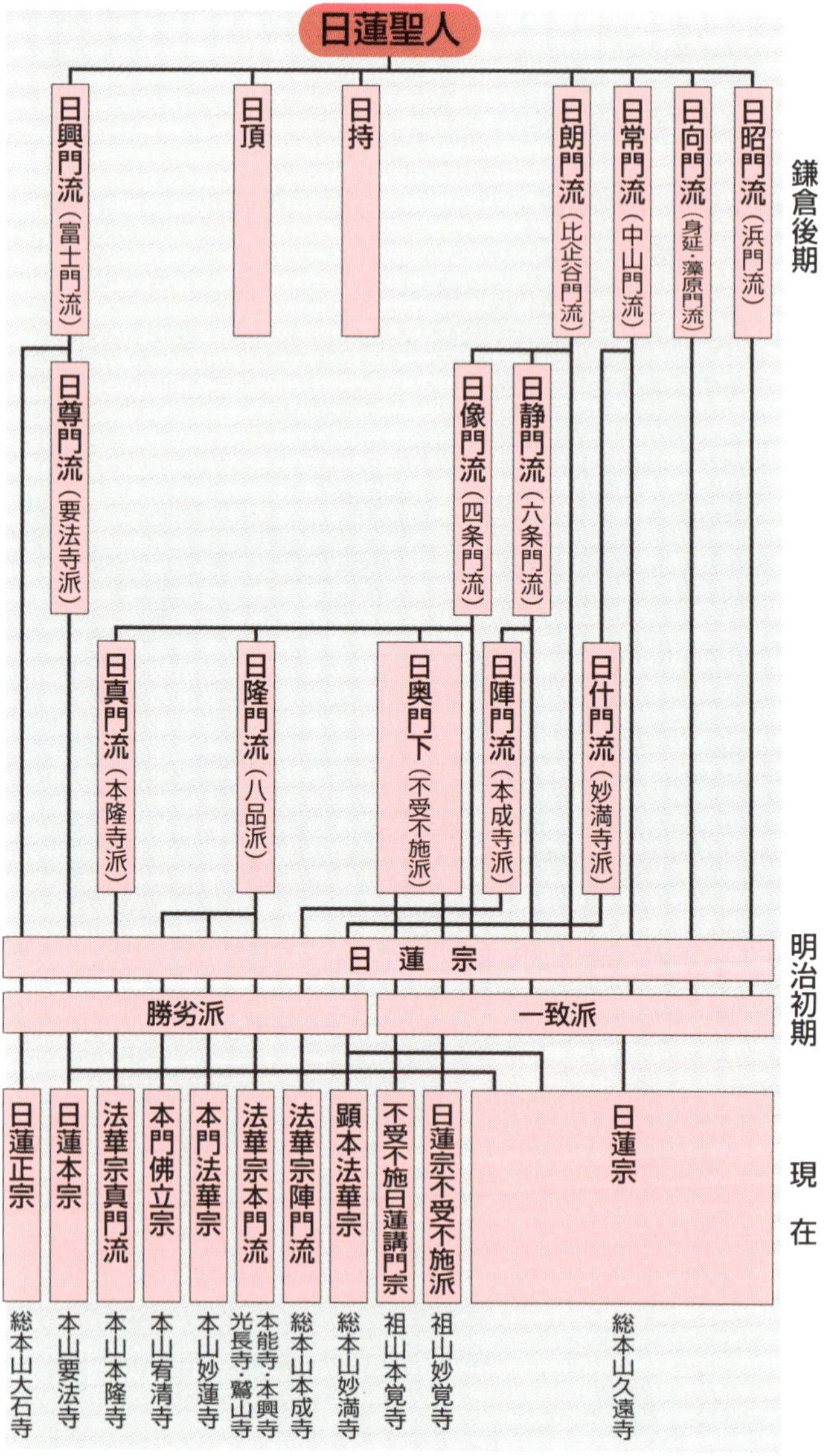

日蓮聖人
日興門流（富士門流）
日頂
日持
日朗門流（比企谷門流）
日常門流（中山門流）
日向門流（身延・藻原門流）
日昭門流（浜門流）
鎌倉後期
日尊門流（要法寺派）
日像門流（四条門流）
日静門流（六条門流）
日真門流（本隆寺派）
日隆門流（八品派）
日奥門下（不受不施派）
日陣門流（本成寺派）
日什門流（妙満寺派）
日蓮宗
明治初期
勝劣派
一致派
日蓮正宗
日蓮本宗
法華宗真門流
本門佛立宗
本門法華宗
法華宗本門流
法華宗陣門流
顕本法華宗
不受不施日蓮講門宗
日蓮宗不受不施派
日蓮宗
現在
総本山大石寺
本山要法寺
本山本隆寺
本山宥清寺
本山妙蓮寺
本能寺・本興寺
光長寺・鷲山寺
総本山本成寺
総本山妙満寺
祖山本覚寺
祖山妙覚寺
総本山久遠寺

第3章

日蓮宗の仏壇とおつとめ

❶仏壇とお飾り
❷日常のおつとめ
❸拝読するお経

仏壇は一家の心のよりどころ

「うちには亡くなった人がいないから仏壇はまだいらない」という人がいますが、それはちがいます。

仏壇は、故人や先祖の位牌《いはい》も安置しますが、何よりもまず、本尊をまつるためのものです。「仏壇を購入すると死者が出る」「分家だから仏壇は必要ない」などといった迷信や誤解があるようですが、仏壇は故人や先祖がいる浄土をあらわし、一家の心のよりどころとなるものです。

死者が出てからあわてて買い求めるよりも、思い立ったときに購入するのがよいでしょう。

また、購入する日や安置する方角にも吉凶はありませんので、とらわれないようにしましょう。

仏壇は仏さまの浄土

一般的な仏壇内部の構造は、上段を「須弥《しゅみ》壇《だん》」、その上の空間を「宮殿《ぐうでん》」といいます。

これは、私たちが住んでいるこの世界の中心には須弥山《しゅみせん》という高い山があり、その上に宮殿があって仏さまが住んでいるという仏教の宇宙観をあらわしています。

仏さまの世界として、もっともよく知られているのは阿弥陀仏《あみだぶつ》の極楽浄土です。西方はるか彼方にあり、このうえもなく美しく、やすらかな世界だといわれています。

ほかに、悟りを開いたお釈迦さまが説法する霊山《りょうぜん》浄土や、お釈迦さまが前世に住み、いまは弥勒菩薩《みろくぼさつ》が住んでいるという兜率天《とそつてん》、悩み苦しんでいる人々の声を聞き、さまざまな姿に変身して救済してくれるという観音菩薩《かんのんぼさつ》が住む補陀落山《ふだらくせん》などがあります。

だから、どの宗派の仏壇も、須弥山をあらわす須弥壇は精巧な彫刻が施され、宮殿には本尊をまつるようになっています。

浄土とは真実そのものの仏さまの世界ですが、その素晴らしさをなんとか目に見える形であらわそうとしたのが仏壇なのです。最近は、マンションの洋間にも似合うモダンな現代仏壇もあります。

仏壇の購入は宗派をしっかり伝えて

伝統的な仏壇は大きく分けて、黒檀《こくたん》や紫檀《したん》の木でできた唐木《からき》仏壇と、漆《うるし》で塗り金箔《きんぱく》で飾った金仏壇があります。金仏壇はおもに浄土真宗で用いられ、日蓮宗では木地を生かし落ち着いた唐木仏壇が多いようです。

なお、日蓮宗は数多く分派しており、お飾りする作法などもちがってきますので、仏壇購入の際には「日蓮宗」と、自分の宗派をしっかり伝えるようにしましょう。

家に仏壇を置くスペースがないときには無理して仏壇を購入する必要はありません。タンスの上などに本尊と三具足《みつぐそく》（48・51頁参照）を置くだけでも立派な仏壇です。

日蓮宗では仏壇に大曼荼羅本尊をまつる

日蓮宗では家庭の仏壇の本尊として、大曼《だいまん》荼羅《だら》本尊をまつります。これは、日蓮聖人が五二歳のとき、流罪《るざい》の地佐渡ではじめて『観《かん》心本尊抄《じんほんぞんしょう》』の内容を図顕《ずけん》したものです。

中央の独特の筆法《ひっぽう》で書かれた「南無妙法蓮《なむみょうほうれん》華経《げきょう》」は〝ヒゲ題目〟と呼ばれ、仏さまの智《ち》慧《え》と慈悲が四方に広がる様子を示しています。

上段左右には『法華経』見宝塔品《けんほうとうほん》に登場する釈迦無尼仏《しゃかむにぶつ》と多宝如来《たほうにょらい》、さらにその両側に『法華経』従地涌出品《じゅうじゆじゅっぽん》と如来神力品《にょらいじんりきほん》に出てくる上行《じょうぎょう》・無辺行《むへんぎょう》・浄行《じょうぎょう》・安立行《あんりゅうぎょう》の四菩薩が書かれています。そして四隅を守護する持国《じこく》・増長《ぞうちょう》・広目《こうもく》・毘沙門《びしゃもん》（多聞《たもん》）の四天王が配置され、地獄《じごく》・餓鬼《がき》・畜生《ちくしょう》・修羅《しゅら》・人《にん》・天《てん》の六道と、声聞《しょうもん》・縁覚《えんがく》・菩薩《ぼさつ》・仏《ぶつ》までの十界《じっかい》の諸仏諸天があらわされています。

これらは、仏さまの教えと救いがすべてのものにおよび、永遠につづくことを示しています。

また、数々の法難を乗り越え、『法華経』の教えをひろめた日蓮聖人を導師《どうし》と仰ぐことから、大曼荼羅本尊の前に日蓮聖人の木像を安置します。

●大曼荼羅本尊（活字化したもの）

大持国天王　（不動明王の梵字）　大広目天王
南無無辺行菩薩
大日天大王
仏滅度後二千二百二十余年之間
一閻浮提之内未曾有
大曼荼羅也
南無上行菩薩
第六天魔王　提婆達多
大梵天王　阿修羅王
南無舎利弗尊者　転輪聖王
南無天台大師
南無薬王菩薩
南無龍樹菩薩
南無多宝如来
南無文殊師利菩薩　鬼子母神
天照大神
南無妙法蓮華経　日蓮
（花押）
南無釈迦牟尼仏
南無普賢菩薩　十羅刹女
八幡大菩薩
南無妙楽大師
南無浄行菩薩
南無弥勒菩薩
南無大迦葉尊者
南無伝教大師
南無安立行菩薩
釈提桓因大王
大月天王　阿闍世大王
明星天子　大龍王
大毘沙門天王　（愛染明王の梵字）　大増長天王

仏壇・本尊を新しくしたら

仏壇を購入し、本尊をまつるときには、菩提寺の住職にお願いして開眼《かいげん》法要をしていただきます。「御霊《みたま》入れ」「お性根《しょうね》入れ」などともいわれ、本尊に命を吹き込んで本来のはたらきができるようにすることです。これによって、仏壇は仏さまの浄土となります。

仏壇を買い替えたときには、古い仏壇の「御霊抜き」を行なったうえで、新しい仏壇の御霊入れをします。また、位牌やお墓などを新しくしたり、改修したときも同様です。

お飾りは三具足か五具足

仏壇の仏具を調え、お飾りすることを「荘《しょう》厳《ごん》」といいます。基本となる仏具は、ろうそくを立てる燭台《しょくだい》、花を立てる華瓶《けびょう》、香をたき、あるいは線香を立てる香炉《こうろ》の三つです。これを「三具足《みつぐそく》」といいます。なお、年回（年忌）法要、お正月、お彼岸《ひがん》、お盆などの特別な仏事のときには、香炉の左右に燭台と華瓶を一対《いっつい》ずつ置いて「五具足《ごぐそく》」とします。

この「具足」とは、じゅうぶん満ち足りて何ひとつ欠けたものがないという意味です。

日蓮宗の仏壇のお飾りの仕方

仏壇のお飾りは、仏教各派によってちがいますが、仏壇の大きさなどによっても変わってきます。また、日常と特別な仏事のときとでちがってきます。

宮殿の中央に大曼荼羅本尊、その前に日蓮聖人像をまつります。位牌《いはい》と過去帳は、一段下がった左右の脇壇《わきだん》または中段に安置します。このとき、古い位牌を向かって右に、新しい位牌を左にします。そして茶湯《ちゃとう》と仏飯《ぶっぱん》をそなえます。また、命日やお盆などには霊膳《れいぜん》（51頁参照）をそなえ、左右に半紙を敷いた高坏《たかつき》にお菓子や果物《くだもの》などの供物《くもつ》を盛ります。

下段には、三具足または五具足（50・51頁参照）を配置します。

仏壇の前には経机を置き、経本、数珠《じゅず》、リン、線香立てなどを置きます。団扇太鼓《うちわだいこ》や木柾《もくしょう》は経机の右下に置きます。

大きな仏壇では、灯籠《とうろう》や瓔珞《ようらく》などをつるし、華瓶《けびょう》とは別に「金蓮華《きんれんげ》」（浄華《じょうか》）と呼ばれる造花を飾ることもあります。

仏壇が小さい場合は、本尊と三具足、茶湯、仏飯、リンがあればじゅうぶんです。その他のお飾りは住職や仏具店に相談してそろえていけばよいでしょう。

●日蓮宗のお飾り

❶大曼荼羅本尊《だいまんだらほんぞん》　❷日蓮聖人像　❸瓔珞《ようらく》（一対）

❹灯籠《とうろう》（一対）　❺位牌《いはい》　❻過去帳　❼茶湯器《ちゃとうき》　❽仏飯器《ぶっぱんき》

❾金蓮華《きんれんげ》（一対）　❿高坏《たかつき》（一対）

三具足　⓫華瓶《けびょう》　⓬香炉《こうろ》　⓭燭台《しょくだい》

*特別な仏事のときは五具足とする

⓮経机　⓯数珠《じゅず》　⓰経本　⓱リン　⓲線香立て　⓳団扇太鼓《うちわだいこ》　⓴木柾《もくしょう》

*三本足の仏具はかならず一本の足が正面にくるように置く

●三具足

●五具足

●霊膳

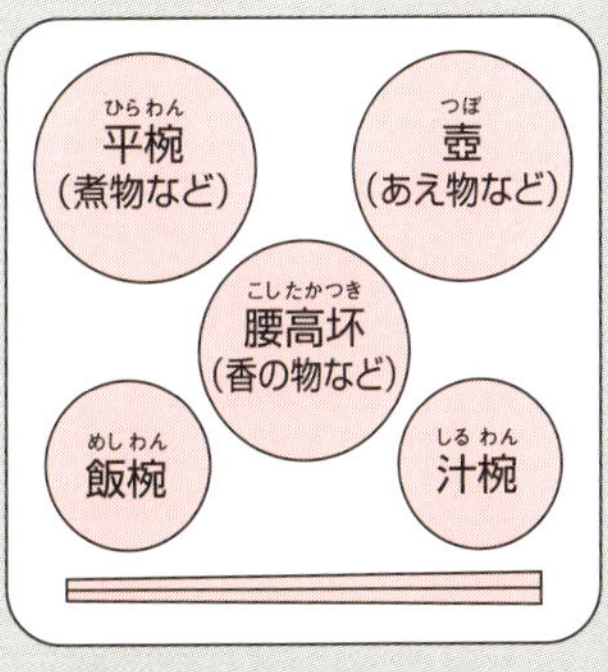

＊霊供膳（りょうぐぜん）ともいう
＊仏前に箸が向くようにお膳をまわしてそなえる

位牌が多くなったら繰り出し位牌にする

位牌は、古く中国の後漢時代、儒教のならわしにより官位や姓名を小さな板に記してまつったことにはじまったものです。それが日本に伝わり、先祖供養という日本的な習俗の影響を受けて、現在のようなかたちになったといわれています。

お葬式で用いる白木《しらき》の位牌は四十九日《しじゅうくにち》の満《まん》中陰《ちゅういん》にお寺に納め、黒塗りや金箔を貼った本位牌に改めます。本位牌とはふつう、故人一人に対して一つつくる札位牌をいいます。

札位牌が多くなったときには、繰り出し位牌にまとめることができますので、菩提寺に相談します。繰り出し位牌というのは、屋根や扉がついたもので、このなかに札板が数枚入るようになっています。命日や法事のときに、それぞれの札板を前に出して見えるようにします。

過去帳は「霊簿《れいぼ》」ともいい、故人の法号《ほうごう》（戒名《かいみょう》）や俗名《ぞくみょう》、命日、享年《きょうねん》を記します。

●繰り出し位牌

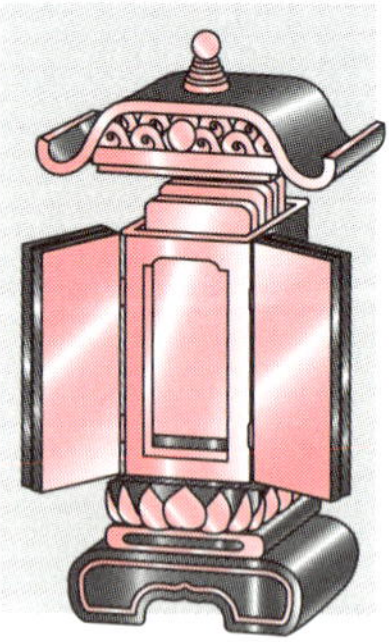

位牌や過去帳は、永遠の過去からいまの私につながる尊い命のしるしです。

日常のおつとめで やすらぎが得られる

日蓮宗のおつとめの中心は「南無妙法蓮華《なむみょうほうれんげ》経《きょう》」と題目をとなえることです。これを「唱題」といいます。

おつとめは「勤行《ごんぎょう》」「信行《しんぎょう》」ともいいます。日課として行なうということです。毎日のおつとめは信仰生活の基本であり、成仏への道です。成仏とは、題目をとなえ、強く正しく清らかに生きていくことです。

また、お経に説かれた一つひとつの言葉には、それぞれ深い意味が込められています。お経を読んで味わうとともに、何が書かれているかを知ることも意義深いことです。

お経を繰り返し読んでいると、そらんじることができるようになります。これを「読誦《どくじゅ》」といいます。それは、仏さまの心を受け取ることであり、自分の言葉としていつまでも持《たも》つということです。つまり、『法華経』を受持するというのは、読んだり写したりして、教えを自分のものにするということなのです。ですから、毎日のおつとめをつづけることで、やすらぎが得られるのです。

●合掌礼拝

おつとめの基本は合掌礼拝

まず、美しい合掌のためには、きちんとした正座姿勢が大事です。腰をしっかり据えて背筋を伸ばし、あごをひきます。

合掌の仕方は、指先をまっすぐに伸ばし、両手のひらをぴったりとつけます。このとき、指のあいだがあかないようにして指先をそろえ、親指の付け根がみぞおちの前にくるようにします。そして合掌したまま深く頭をさげて礼拝《らいはい》します。また、仏前に合掌礼拝するときには、かならず数珠《じゅず》をかけます。

数珠は礼拝するときの身だしなみ

数珠は「念珠《ねんじゅ》」ともいい、もともと人間が一〇八持つという煩悩《ぼんのう》を退治するために呪文《じゅもん》をかぞえる目的でつくられました。

数珠の種類やかけ方は宗派によってちがいます。日蓮宗の数珠は、僧侶が儀式に用いる装束《しょうぞく》数珠と、僧侶・檀信徒ともに用いる菊房《きくふさ》数珠の二種類があり、房の仕立て方がちがいます。仏具店で「日蓮宗の数珠」といえば、菊房数珠を出してくれます。

最近は、宗派を問わない略式の珠数の少ない数珠も市販されていますが、できれば家族全員がそれぞれに日蓮宗の数珠を持ちたいものです。

菊房数珠の場合、合掌礼拝のときは二環《ふたわ》にして左手の四指にかけます。読経《どきょう》中は左手首にかけておきますが、とくに勧請《かんじょう》・唱題・回向《えこう》・四誓《しせい》をとなえるときは一環《ひとわ》にして、房が二本の母珠《ぼじゅ》のほうを右手中指の第一関節にかけ、数珠をひねって綾《あや》にして、房が三本の緒《お》留《どめ》のほうを左手中指の第一関節にかけて合掌します。持ち歩くときは、二環にして房を下にして左手に持ちます。

略式の数珠の場合、合掌・読経のときは、房を下にして左手の四指にかけます。持ち歩

●菊房数珠の作法

勧請・唱題・回向・四誓をとなえるとき

*母珠を右手中指の第一関節にかけ、数珠をひねって、緒留を左手の中指第一関節にかけて合掌する。その際に数珠をもんだり、すり合わせたりしない
*他の読経中は二環にして左手首にかけて経本を持つ

❶

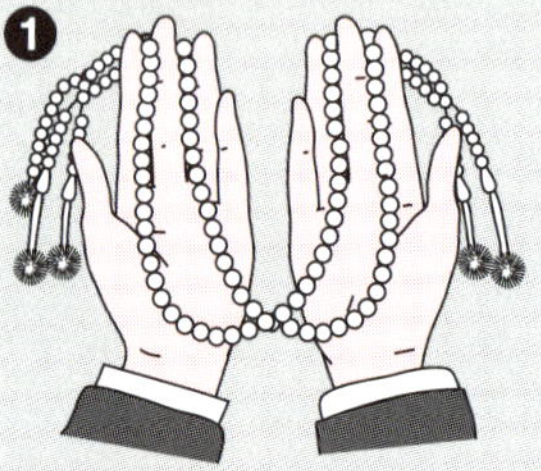

❷

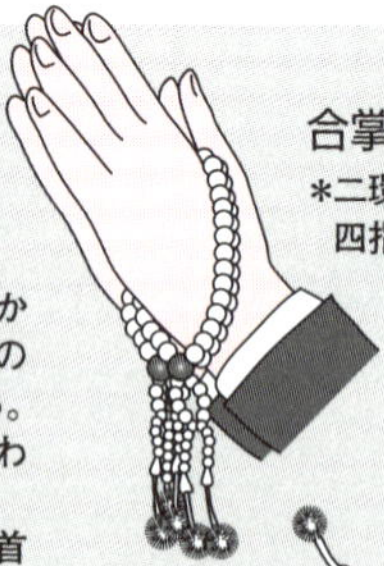

合掌礼拝のとき

*二環にして左手の四指にかける

持つとき

*二環にして左手に持つ

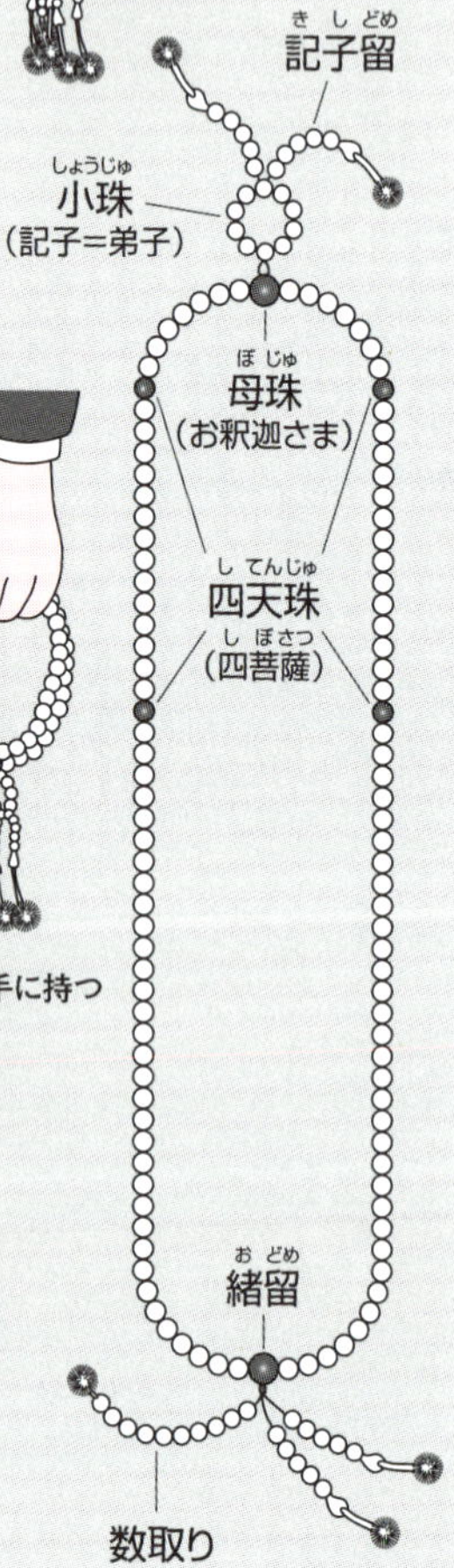

●略式の数珠の作法

持つとき

*左手に持つ

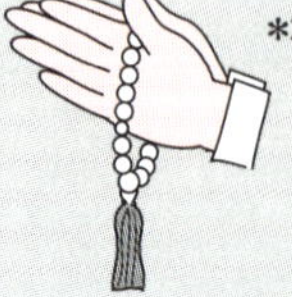

合掌礼拝・読経のとき

*左手の四指にかける

くときは房を下にして左手で持ちます。

お給仕を調えてからおつとめをする

朝夕二回のおつとめが原則ですが、できないときはどちらか一回でもおつとめしたいものです。

朝起きて洗顔後、華瓶《けびょう》の水をとりかえ、炊きたての仏飯《ぶっぱん》と茶湯《ちゃとう》をそなえます。ご飯が炊けていなかったら、おつとめ後でもかまいません。

そして、ろうそくに火をともし、その火で線香に火をつけ、香炉に立てます。

ろうそくの火は「灯明《とうみょう》」「法明《ほうみょう》」と呼ばれ、仏さまの智慧《ちえ》や慈悲の光明《こうみょう》がこの世を照らしてくれていることを示しています。ですから、ろうそくや線香の火を口で吹き消すことはしません。

お給仕が調ったら姿勢を正し、合掌礼拝しておつとめをはじめます。終えたらふたたび合掌礼拝し、ろうそくの火を消します。

仏飯と茶湯は夕方に下げます。夕方におつとめするときは、そのあとに下げます。

リンはおつとめのときに鳴らすものなのでむやみに鳴らさないようにします。また、経本や数珠は、床や畳の上などには直接置かず、かならず敷物や台の上に置くようにします。

●線香の作法

①線香はろうそくから火をつける

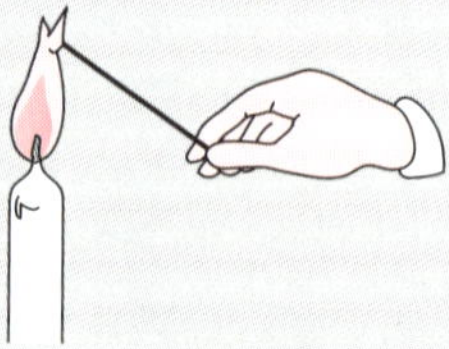

②左手であおいで消す

③左手をそえて額の高さに頂戴する

④香炉に立てる

（3本または1本）

●経本の正しい持ち方

読経中は数珠を左手首にかけて経本を持つ

●リンの打ち方

バイ（打ち棒）を軽く持ち、外側を下から上へ上げるようにして打つ

日常のおつとめで拝読するお経

日蓮宗の檀信徒の日常のおつとめの基本は、60頁のとおりです。時間がないときは、開経《かいきょう》偈《げ》と如来寿量品《にょらいじゅりょうほん》（自我偈《じがげ》）と唱題だけでもかまいません。

経本は菩提寺《ぼだいじ》を通じて求められます。

『法華経』は、中国の隋《ずい》・唐《とう》以前の五胡十六国時代に鳩摩羅什《くまらじゅう》によって翻訳され、早くに日本に伝わったため、漢音と呉音《ごおん》で読まれます。これを日蓮宗では「真読《しんどく》」といい、このほかに、意味をとりやすい「訓読《くんどく》」の読み方もあります。

また、「御妙判《ごみょうはん》」と呼んで、日蓮聖人の代表的な著述や手紙の一節をとなえます。法要などで大勢で御妙判をとなえるときは、導師の「観心本尊抄《かんじんほんぞんしょう》にいわく」などの言葉のあとに全員でとなえます。

菊房数珠の場合は、おつとめ中に持ち方を変えることになります（55・56頁参照）。また、リンを打つところ、お経を繰り返すところ、団扇太鼓《うちわだいこ》や木柾《もくしょう》のリズムなど、おつとめの仕方は意外にむずかしいものです。菩提寺の住職に習ったり、最近はカセットテープやCDが市販されていますので聞きながら練習するとよいでしょう。

●檀信徒の日常のおつとめの基本

合掌礼拝

❶**勧請《かんじょう》**（61頁参照）――大曼荼羅本尊の諸仏諸天の前にいるつもりでとなえる

❷**開経偈《かいきょうげ》**（62頁参照）――『法華経』をとなえられる幸せに感謝する

❸**読経**――『法華経』方便品《ほうべんぼん》（64頁参照）と、如来寿《にょらいじゅ》量品《りょうほん》（自我偈《じがげ》、68頁参照）をとなえる

❹**御妙判《ごみょうはん》**――『観心本尊抄《かんじんほんぞんしょう》』（72頁参照）、『立正安《りっしょうあん》国論《こくろん》』『開目抄《かいもくしょう》』『如説修行鈔《にょせつしゅぎょうしょう》』『報恩抄《ほうおんじょう》』などから一節をとなえる

❺**唱題**――題目「南無妙法蓮華経」を10遍から100遍、心ゆくまでとなえる

❻**宝塔偈《ほうとうげ》**（73頁参照）――『法華経』見宝塔品の偈文をとなえる

❼**おつとめ回向文《えこうもん》**（75頁参照）――おつとめの功徳を他の人にもふり向けてもらうように祈る

❽**四誓《しせい》（四弘誓願《しぐせいがん》）**（78頁参照）――『法華経』を信じ、学び、実践し、さらにひろめることを誓う

❾**玄題三唱《げんだいさんしょう》**――題目「南無妙法蓮華経」を3遍となえる

合掌礼拝

勧請

南無《なむ》仏《ぶつ》。南無《なむ》法《ほう》。南無《なむ》僧《そう》。

南無《なむ》久遠実成本師釈迦牟尼仏《くおんじつじょうほんししゃかむにぶつ》。

南無《なむ》一乗妙法蓮華経《いちじょうみょうほうれんげきょう》。

南無《なむ》末法有縁《まっぽううえん》の大導師《だいどうし》。本化上行高祖《ほんげじょうぎょうこうそ》日蓮大菩薩《にちれんだいぼさつ》。六中九老僧等宗門歴代如《ろくちゅうくろうそうとうしゅうもんれきだいにょ》法勲功《ほうくんこう》の先師先哲《せんしせんてつ》。別《べっ》しては。法華経《ほけきょう》擁護《おうご》の諸天善神《しょてんぜんじん》。総《そう》じては。十界勧請《じっかいかんじょう》の諸尊等《しょそんとう》。来到道場御法味納受《らいとうどうじょうごほうみのうじゅ》。


【現代語訳】

仏《ぶっ》・法《ぽう》・僧《そう》の三宝《さんぽう》を信じ、よりどころとします。

永遠の救いを示す根本の師であるお釈迦さまを信じ、よりどころとします。

お釈迦さまの究極の教えである『法華経』を信じ、よりどころとします。

いまの末法《まっぽう》の時代にあって、私たちを悟りへ導いてくださる師であり、上行《じょうぎょう》菩薩《ぼさつ》の生まれ変わりである日蓮聖人を信じ、よりどころとします。

六老僧や中老僧、九老僧など日蓮宗代々の布教に尽くされた高弟の方々、『法華経』を守護している善《よ》き神々、そして、あらゆる世界の仏・菩薩、天の神々、地の神々よ、この道場にお出《い》でになり、これからささげる読経による、このうえない法味をお受けください。

開経偈

無《む》上《じょう》甚《じん》深《じん》微《み》妙《みょう》の法《ほう》は。百《ひゃく》千《せん》万《まん》劫《ごう》にも遭《あ》遇《い》奉《たてまつ》ること難《かた》し。我《わ》れ今《いま》見《けん》聞《もん》し受《じゅ》持《じ》することを得《え》たり。願《ねが》わくは如《にょ》来《らい》の第《だい》一《いち》義《ぎ》を解《げ》せん。

至《し》極《ごく》の大《だい》乗《じょう》思《し》議《ぎ》すべからず。見《けん》聞《もん》触《そく》知《ち》皆《みな》菩《ぼ》提《だい》に近《ちか》づく。能《のう》詮《せん》は報《ほう》身《しん》。

【現代語訳】

このうえなくはなはだ深くすぐれた仏さまの教えは、想像できないほど長い時を経てもなかなかめぐり遇えないものです。しかし、私たちはいまその教えを聞き、信じることができました。どうかこれからも仏さまのこのうえない教えを理解させてください。

最上の大乗の教えは、凡夫《ぼんぶ》には考えもおよばないものです。しかし、見たり聞いたり感じたり知ったりすることで、悟りに近づくことができます。その教えを明らかにしてくださるのがお釈迦さまです。お釈迦さま

所詮《しょせん》は法身《ほっしん》。色相《しきそう》の文字《もんじ》は即《すなわ》ち是《こ》れ応身《おうじん》なり。無量《むりょう》の功徳《くどく》皆《みな》是《こ》の経《きょう》に集《あつ》まれり。是故《このゆえ》に自在《じざい》に。冥《みょう》に薫《くん》じ密《みっ》に益《やく》す。有智《うち》無智《むち》罪《つみ》を滅《めっ》し善《ぜん》を生《しょう》ず。若《もし》は信《しん》。若《もし》は謗《ほう》。共《とも》に仏道《ぶつどう》を成《じょう》ぜん。三世《さんぜ》の諸仏《しょぶつ》甚深《じんじん》の妙典《みょうでん》なり。生生《しょうじょう》世世《せせ》。値遇《ちぐ》し頂戴《ちょうだい》せん。

は真理そのものであり、『法華経』の一文字一文字はお釈迦さまの姿です。このはかり知れない功徳《くどく》がすべて『法華経』に集約されているのです。ですからなんの障害もなく、私たちに自然に恩恵を与えてくださいます。智慧《ちえ》のある者にもない者にも罪を消滅させ、善《よ》い結果を得させてくださいます。信じる者にも誹謗《ひぼう》する者にも、ともに悟りの道を成就させてくださいます。『法華経』は、過去・現在・未来にわたるさまざまな仏さま方の尊い教えなのです。何度生まれ変わっても、この教えにめぐり遇い、そして信じ、よりどころといたします。

方便品

爾《に》時《じ》世《せ》尊《そん》。従《じゅう》三《さん》昧《まい》。安《あん》詳《じょう》而《に》起《き》。告《ごう》
舎《しゃ》利《り》弗《ほつ》。諸《しょ》仏《ぶっ》智《ち》慧《え》。甚《じん》深《じん》無《む》量《りょう》。其《ご》
智《ち》慧《え》門《もん》。難《なん》解《げ》難《なん》入《にゅう》。一《いっ》切《さい》声《しょう》聞《もん》。辟《ひゃく》
支《し》仏《ぶつ》。所《しょ》不《ふ》能《のう》知《ち》。所《しょ》以《い》者《しゃ》何《が》。仏《ぶつ》曾《ぞう》
親《しん》近《ごん》。百《ひゃく》千《せん》万《まん》億《のく》。無《む》数《しゅ》諸《しょ》仏《ぶつ》。尽《じん》行《ぎょう》

【現代語訳】

そのとき、お釈迦さまは冥想《めいそう》を終えて静かに座から立ちあがり、弟子の舎利弗《しゃりほつ》に次のように告げられました。

「仏たちの智慧《ちえ》は、とても奥深くはかり知ることのできないものです。その智慧を理解するための教えの門は、とても入りにくいものです。教えを聞いて悟ったと思い込むような者には理解しにくいものです。なぜならば、仏というものはその昔、多くの仏たちのそばに仕え、その真実の教えを学び、ひたすら努力したので、名声が広く伝わっていったのです。しかし、その真実の教えを、仏

諸仏《しょぶつ》。無量道法《むりょうどうほう》。勇猛精進《ゆうみょうしょうじん》。名称《みょうしょう》
普聞《ふもん》。成就甚深《じょうじゅじんじん》。未曾有法《みぞううほう》。随宜《ずいぎ》
所説《しょせつ》。意趣難解《いしゅなんげ》。舎利弗《しゃりほつ》。吾従成《ごじゅうじょう》
仏已来《ぶっちらい》。種種因縁《しゅじゅいんねん》。種種譬喩《しゅじゅひゆ》。広《こう》
演言教《えんごんきょう》。無数方便《むしゅほうべん》。引導衆生《いんどうしゅじょう》。令《りょう》
離諸著《りしょじゃく》。所以者何《しょいしゃが》。如来方便《にょらいほうべん》。知《ち》
見波羅蜜《けんはらみつ》。皆已具足《かいいぐそく》。舎利弗《しゃりほつ》。如《にょ》

たちは方便《ほうべん》（便宜的手法）をもって説いたので、その真意は容易に理解されがたいでしょう」

「舎利弗よ。私は仏となって以来、さまざまな因縁の話や比喩《ひゆ》を用いて教えを説いてきました。また、さまざまな方便をもって人々を導き、執着から離れさせてきました。なぜならば、仏というものは、方便と真実の智慧をそなえているからです」

来知見《らいちけん》。広大深遠《こうだいじんのん》。無量無礙《むりょうむげ》。力《りき》。無所畏《むしょい》。禅定《ぜんじょう》。解脱《げだつ》。三昧《さんまい》。深入《じんにゅう》無際《むさい》。成就一切《じょうじゅいっさい》。未曾有法《みぞううほう》。舎利弗《しゃりほつ》。如来能種種分別《にょらいのうしゅじゅふんべつ》。巧説諸法《ぎょうせっしょほう》。言辞柔軟《ごんじにゅうなん》。悦可衆心《えっかしゅしん》。舎利弗《しゃりほつ》。取要言之《しゅようごんし》。無量無辺《むりょうむへん》。未曾有法《みぞううほう》。仏《ぶっ》悉成就《しつじょうじゅ》。止《し》。舎利弗《しゃりほつ》。不須復説《ふしゅぶせつ》。

「舎利弗よ。仏の智慧という広大で深遠な真理を見きわめる力というのは、とても奥深いものなのです。それは、はかり知れないもので、絶対の真理を完成させているのです」

「舎利弗よ。仏は物事の道理をよくわきまえ、巧みな説法によって、人々の心を悦《よろこ》ばせ、満足させてきました」

「舎利弗よ。要するに、仏ははかり知れないほどの、いまだかつてない教えを体得しているのです」

「やめよう、舎利弗よ。もうこの教えを説くべきではないでしょう。なぜなら、仏が到達した境地は、もっともすぐれていて難解すぎる教え

所以者何《しょいしゃが》。仏所成就《ぶっしょじょうじゅ》。第一希有《だいいちけう》。
難解之法《なんげしほう》。唯仏与仏《ゆいぶつよぶつ》。乃能究尽《ないのうくじん》。
諸法実相《しょほうじっそう》。※所謂諸法《しょいしょほう》。如是相《にょぜそう》。如《にょ》
是性《ぜしょう》。如是体《にょぜたい》。如是力《にょぜりき》。如是作《にょぜさ》。
如是因《にょぜいん》。如是縁《にょぜえん》。如是果《にょぜか》。如是報《にょぜほう》。
如是本末究竟等《にょぜほんまつくきょうとう》。

なのです。仏の世界にいる者にしか、一切のありのままの真実の姿をきわめつくすことはできないのです。
ありのままの真実の姿とは、外に現れている様相、性質、そのもの本体、能力、作用、直接的な原因、間接的な原因、直接的な結果、間接的な結果であり、これらがそれぞれ深く関係しながら一つひとつの存在をつくりあげているのです」

※以降を三回繰り返す

如来寿量品（自我偈）

自我得仏来《じがとくぶつらい》　所経諸劫数《しょきょうしょこっしゅ》　無量百千万《むりょうひゃくせんまん》　億載阿僧祇《おくさいあそうぎ》

常説法教化《じょうせっぽうきょうけ》　無数億衆生《むしゅおくしゅじょう》　令入於仏道《りょうにゅうおぶつどう》　爾来無量劫《にらいむりょうこう》

為度衆生故《いどしゅじょうこ》　方便現涅槃《ほうべんげんねはん》　而実不滅度《にじつふめつど》　常住此説法《じょうじゅうしせっぽう》

我常住於此《がじょうじゅうおし》　以諸神通力《いしょじんづうりき》　令顛倒衆生《りょうてんどうしゅじょう》　雖近而不見《すいごんにふけん》

衆見我滅度《しゅけんがめつど》　広供養舎利《こうくようしゃり》　咸皆懐恋慕《げんかいえれんぼ》　而生渇仰心《にしょうかつごうしん》

衆生既信伏《しゅじょうきしんぶく》　質直意柔軟《しちじきいにゅうなん》　一心欲見仏《いっしんよくけんぶつ》　不自惜身命《ふじしゃくしんみょう》

時我及衆僧《じがぎゅうしゅそう》　倶出霊鷲山《くしゅつりょうじゅせん》　我時語衆生《がじごしゅじょう》　常在此不滅《じょうざいしふめつ》

以方便力故《いほうべんりきこ》
現有滅不滅《げんうめつふめつ》
余国有衆生《よこくうしゅじょう》
恭敬信楽者《くぎょうしんぎょうしゃ》

我復於彼中《がぶおひちゅう》
為説無上法《いせつむじょうほう》
汝等不聞此《にょとうふもんし》
但謂我滅度《たんにがめつど》

我見諸衆生《がけんしょしゅじょう》
没在於苦海《もつざいおくかい》
故不為現身《こふいげんしん》
令其生渇仰《りょうごしょうかつごう》

因其心恋慕《いんごしんれんぼ》
乃出為説法《ないしゅついせっぽう》
神通力如是《じんづうりきにょぜ》
於阿僧祇劫《おあそうぎこう》

常在霊鷲山《じょうざいりょうじゅせん》
及余諸住処《ぎゅうよしょじゅうしょ》
衆生見劫尽《しゅじょうけんこうじん》
大火所焼時《だいかしょしょうじ》

我此土安穏《がしどあんのん》
天人常充満《てんにんじょうじゅうまん》
園林諸堂閣《おんりんしょどうかく》
種種宝荘厳《しゅじゅほうしょうごん》

宝樹多花果《ほうじゅたけか》
衆生所遊楽《しゅじょうしょゆうらく》
諸天撃天鼓《しょてんきゃくてんく》
常作衆伎楽《じょうさしゅぎがく》

雨曼陀羅華《うまんだらけ》
散仏及大衆《さんぶつぎゅうだいしゅ》
我浄土不毀《がじょうどふき》
而衆見焼尽《にしゅけんしょうじん》

憂《う》怖《ふ》諸《しょ》苦《く》悩《のう》　如《にょ》是《ぜ》悉《しつ》充《じゅう》満《まん》　是《ぜ》諸《しょ》罪《ざい》衆《しゅ》生《じょう》　以《い》悪《あく》業《ごう》因《いん》縁《ねん》
過《か》阿《あ》僧《そう》祇《ぎ》劫《こう》　不《ふ》聞《もん》三《さん》宝《ぼう》名《みょう》　諸《しょ》有《う》修《しゅ》功《く》徳《どく》　柔《にゅう》和《わ》質《しち》直《じき》者《しゃ》
則《そっ》皆《かい》見《けん》我《が》身《しん》　在《ざい》此《し》而《に》説《せっ》法《ぽう》　或《わく》時《じ》為《い》此《し》衆《しゅ》　説《せつ》仏《ぶつ》寿《じゅ》無《む》量《りょう》
久《く》乃《ない》見《けん》仏《ぶっ》者《しゃ》　為《い》説《せつ》仏《ぶつ》難《なん》値《ち》　我《が》智《ち》力《りき》如《にょ》是《ぜ》　慧《え》光《こう》照《しょう》無《む》量《りょう》
寿《じゅ》命《みょう》無《む》数《しゅ》劫《こう》　久《く》修《しゅ》業《ごう》所《しょ》得《とく》　汝《にょ》等《とう》有《う》智《ち》者《しゃ》　勿《もっ》於《と》此《し》生《しょう》疑《ぎ》
当《とう》断《だん》令《りょう》永《よう》尽《じん》　仏《ぶつ》語《ご》実《じっ》不《ぷ》虚《こ》　如《にょ》医《い》善《ぜん》方《ほう》便《べん》　為《い》治《じ》狂《おう》子《し》故《こ》
実《じつ》在《ざい》而《に》言《ごん》死《し》　無《む》能《のう》説《せっ》虚《こ》妄《もう》　我《が》亦《やく》為《い》世《せ》父《ぶ》　救《く》諸《しょ》苦《く》患《げん》者《しゃ》
為《い》凡《ぼん》夫《ぶ》顛《てん》倒《どう》　実《じつ》在《ざい》而《に》言《ごん》滅《めつ》　以《い》常《じょう》見《けん》我《が》故《こ》　而《に》生《しょう》憍《きょう》恣《し》心《しん》

放逸著五欲《ほういつじゃくごよく》 ⇩ 堕於悪道中《だおあくどうちゅう》
我常知衆生《がじょうちしゅじょう》 行道不行道《ぎょうどうふぎょうどう》
随応所可度《ずいおうしょかど》 為説種種法《いせつしゅじゅほう》
毎自作是念《まいじさぜねん》 以何令衆生《いがりょうしゅじょう》
得入無上道《とくにゅうむじょうどう》 速成就仏身《そくじょうじゅぶっしん》

【大意】

私（お釈迦さま）が悟りを開いてから今日まで過ごしてきた歳月は、およそ推しはかることができないとても長い時間です。その間に数えきれないほど多くの迷える人々を悟りへ導いてきました。

人々を導くためには、さまざまな方便《ほうべん》（便宜的手法）を使いました。私が入滅した姿を見せることによって、あなたたちに信心の心を起こさせ、導いたこともあります。しかし、実際には常にこの世にいて教えを説きつづけているのです。私はいつも、仏道修行をしている人とそうでない人を見きわめて、その人に応じた教えを説いています。私はいつ、いかなる場所においても、あなた方のことを思いつづけています。そして、あなた方を速やかに悟りに導くためにはどうすればよいか考えつづけているのです。

観心本尊抄（一）

今《いま》本時《ほんじ》の娑婆世界《しゃばせかい》は三災《さんさい》を離《はな》れ四《し》劫《こう》を出《いで》たる常住《じょうじゅう》の浄土《じょうど》也《なり》。仏既《ほとけすで》に過去《かこ》にも滅《めっ》せず未来《みらい》にも生《しょう》ぜず。所化以《しょけもっ》て同体也《どうたいなり》。是《こ》れ即《すなわ》ち己心《こしん》の三千具足三種《さんぜんぐそくさんしゅ》の世間《せけん》也《なり》。

【現代語訳】

いま、題目をとなえた瞬間のこの世界は、火災・水害・風害といった災害も破滅もない、永遠不滅の仏さまの世界なのです。お釈迦さまは久遠の過去に悟りを開いた、永遠不滅の仏さまです。そのお釈迦さまに教えを受けた私たちも、永遠不滅の仏さまと同体になっています。これがすなわち、凡夫《ぼんぶ》である自分の心に仏さまの世界をそなえるということであり、永遠に仏さまと生きるということなのです。

宝塔偈

此《し》経《きょう》難《なん》持《じ》　若《にゃく》暫《ざん》持《じ》者《しゃ》
我《が》即《そく》歓《かん》喜《ぎ》　諸《しょ》仏《ぶつ》亦《やく》然《ねん》
如《にょ》是《ぜ》之《し》人《にん》　諸《しょ》仏《ぶつ》所《しょ》歎《たん》
是《ぜ》則《そく》勇《ゆう》猛《みょう》　是《ぜ》則《そく》精《しょう》進《じん》
是《ぜ》名《みょう》持《じ》戒《かい》　行《ぎょう》頭《ず》陀《だ》者《しゃ》
則《そく》為《い》疾《しっ》得《とく》　無《む》上《じょう》仏《ぶつ》道《どう》

【現代語訳】

この『法華経』の教えを信じ実践することはむずかしいものです。もし、しばらくのあいだでもそれができる者がいれば、私（お釈迦さま）はよろこびにたえません。それは、もろもろの仏たちにおいてもそうです。

このような人は、もろもろの仏たちから称讃されます。すなわちそれは、困難にくじけない勇ましい者です。すなわちそれは、ひたむきに励む者です。それは、戒を持《たも》ち、清らかな修行をする者です。

このような修行者は、速やかに最高の悟りへの道を得ているのです。

能《のう》於《お》来《らい》世《せ》　読《どく》持《じ》此《し》経《きょう》
是《ぜ》真《しん》仏《ぶっ》子《し》　住《じゅう》淳《じゅん》善《ぜん》地《じ》
仏《ぶつ》滅《めつ》度《ど》後《ご》　能《のう》解《げ》其《ご》義《ぎ》
是《ぜ》諸《しょ》天《てん》人《にん》　世《せ》間《けん》之《し》眼《げん》
於《お》恐《く》畏《い》世《せ》　能《のう》須《しゅ》臾《ゆ》説《せつ》
一《いっ》切《さい》天《てん》人《にん》　皆《かい》応《おう》供《く》養《よう》

来世で、『法華経』を読み、その教えを信じ実践するなら、それこそが真の仏弟子であり、清くすぐれた悟りの境地に安住できる者です。

私が入滅の姿を示したのちに、この教えを理解しようとすることは、天上界に住む人やこの世の人々が注目するところです。

恐れや心配事ばかりの世において、ほんの少しの時間でも『法華経』を説く人には、すべての天上界に住む人々がみなで供養をささげることでしょう。

おつとめ回向文

謹《つつ》しみ敬《うやま》って上来《じょうらい》あつむる所《ところ》の功《く》徳《どく》。南無《なむ》久遠実成本師《くおんじつじょうほんし》釈迦牟尼仏《しゃかむにぶつ》。南無《なむ》一乗妙法蓮華経《いちじょうみょうほうれんげきょう》。南無《なむ》末法有《まっぽうう》縁《えん》の大導師高祖日蓮大菩薩《だいどうしこうそにちれんだいぼさつ》。宗門《しゅうもん》歴代如法勲功《れきだいにょほうくんこう》の先師《せんし》に回向《えこう》し。天《てん》上地界護法《じょうじかいごほう》の善神等《ぜんじんとう》に法楽《ほうらく》し奉《たてまつ》る。

【現代語訳】

つつしみ敬い、これまで積んできた善行《ぜんぎょう》の恵みを、永遠の救いを示す根本の師であるお釈迦さま、お釈迦さまの究極の教えである『法華経』、末法《まっぽう》の時代にあって私たちを悟りへ導いてくださる師である日蓮聖人、そして、日蓮宗歴代の功績を残された多くの先師、つまり仏《ぶつ》・法《ぼう》・僧《そう》にふり向けて、仏教守護の神々に法の楽しみを得ていただきます。

仰《あお》ぎ願《ねが》はくは。一天四海皆帰妙法《いってんしかいかいきみょうほう》。末法万年広宣流布《まっぽうまんねんこうせんるふ》。天長地久国土《てんちょうちきゅうこくど》安穏《あんのん》。五穀成就万民安楽《ごこくじょうじゅばんみんあんらく》。家内安全息災延命《かないあんぜんそくさいえんめい》。子孫長久家門繁栄《しそんちょうきゅうかもんはんねい》。某《それがし》。及《およ》び家内中《かないじゅう》の面々《めんめん》。無始以来《むしいらい》。六根懺悔罪障消滅《ろっこんさんげざいしょうしょうめつ》。国《くに》に謗法《ほうぼう》の声《こえ》なくんば万民数《ばんみんかず》を減《げん》ぜず。家《いえ》に讃《さん》

心より祈念します。

世界中の人々が『法華経』を信じ、よりどころとし、末法の時代を万年にわたって伝えられ、世の中にひろまりますように。

この国が永遠に平穏で、穀物が豊作になって人々が食べることを心配せず、家族が健康で暮らし、家系が長くつづき、一家一門が栄えますように。

私はじめ家族の全員が、前世から持ち成仏の妨げとなっている罪の行ないに対して懺悔《さんげ》しますので、それを消滅させてください。

この国に仏さまの教えをそしる声がなければ、国民の数が減るようなこ

経《ぎょう》の勤《つと》めあらば七難《しちなん》必《かなら》ず退散《たいさん》せしめん。又《また》願《ねが》はくは。当家先祖代々《とうけせんぞだいだい》一家一門《いっけいちもん》の諸精霊《しょしょうりょう》。総《そう》じては法界《ほうかい》海有無両縁《かいうむりょうえん》の諸精霊《しょしょうりょう》。坐宝蓮華成《ざほうれんげじょう》等正覚《とうしょうがく》。妙法経力即身成仏《みょうほうきょうりきそくしんじょうぶつ》。願以《がんに》此功徳普及於一切《しくどくふぎゅうおいっさい》。我等与衆生皆《がとうよしゅじょうかい》倶成仏道《ぐじょうぶつどう》。南無妙法蓮華経《なむみょうほうれんげきょう》。


とはありません。また、それぞれの家庭で『法華経』がたたえられ、読経されていれば、さまざまな災難も起こらないでしょう。

また、わが家先祖代々一切の精霊《しょうりょう》、さらにはこの世のすべての精霊も、浄土の蓮華の台座の上で悟りを開き、『法華経』の教えを信じ実践することで現われる不思議な力により、その身のままで仏となれますように。

この善行の恵みがすべてにゆきわたりますように。

私たちが住む、この迷いの世界に生きている者がみなともに悟りの道を成就することができますように。

南無妙法蓮華経。

四誓（四弘誓願）

衆生《しゅじょう》無《む》辺《へん》誓《せい》願《がん》度《ど》
煩悩《ぼんのう》無《む》数《しゅ》誓《せい》願《がん》断《だん》
法門《ほうもん》無《む》尽《じん》誓《せい》願《がん》知《ち》
仏道《ぶつどう》無《む》上《じょう》誓《せい》願《がん》成《じょう》

【現代語訳】

迷いを持つ人は限りなく多いですが、かならず救われるように努力することを誓います。

私たちを悩ます欲望は数えきれないほどありますが、かならず断ち切れるように努力することを誓います。

仏さまの教えははかり知れませんが、かならず学べるように努力することを誓います。

悟りへの道はこのうえなくはるかですが、かならず成し遂げられるように努力することを誓います。

第4章

日蓮宗の行事としきたり

❶お寺の年中行事
❷お寺とのつきあい

日蓮宗のお寺の年中行事

第一にお釈迦さまゆかりの行事、次に日蓮聖人への報恩慶讃《けいさん》行事があります。とくに、四大法難をしのぶ聖日には、ゆかりの霊跡に大勢の参詣者が訪れます。

また、お彼岸《ひがん》やお盆など仏教各宗派に共通した季節の行事があります。

日蓮宗の行事の特徴は、全員そろって団扇《うちわ》太鼓《だいこ》を打ち鳴らし、題目をとなえることです。お寺の行事に参加する際には、数珠《じゅず》、経本、布施などを忘れずに持参したいものです。

「花まつり」として知られる釈尊降誕会（しゃくそんごうたんえ）

四月八日、お釈迦さまはルンビニー（現ネパール）の花園で誕生直後すぐに七歩あゆみ、天と地を指さして「天上天下唯我独尊《てんじょうてんげゆいがどくそん》」（この世に我よりも尊いものはない）と、人々を救い導く者としての宣言をされました。

それを見た龍王が天から甘《かん》露《ろ》（不死の飲

料）をそそいでお祝いしたといわれています。それにならって仏教各寺院では、花御堂《はなみどう》にまつられた誕生仏に甘茶《あまちゃ》をそそいでお祝いするので「灌仏会《かんぶつえ》」ともいいます。

お釈迦さまの悟りをたたえる釈尊成道会（しゃくそんじょうどうえ）

お釈迦さまは難行苦行を六年間もつづけましたが悟りを得ることはできませんでした。その後、菩提樹《ぼだいじゅ》の下で坐禅をし、一二月八日に暁《あかつき》の明星《みょうじょう》を見て悟りを開かれたのです。そして、さまざまな教えを説き、それらがのちに経典となりました。

そのなかで、日蓮聖人は『法華経』を読むことがお釈迦さまの説いたすべてのお経（一切経《いっさいきょう》）を読むことであるといっています。

仏教徒である自覚と、『法華経』への信仰を貫き通す決意を新たにしたい日です。

お釈迦さまの入滅をしのぶ釈尊涅槃会（しゃくそんねはんえ）

お釈迦さまは二月一五日、インドのクシナガラの地で八〇年の生涯を閉じました。最後の説法の途中に動けなくなったお釈迦さまは沙羅双樹《さらそうじゅ》のあいだに床《とこ》を敷かせ、そこに頭を北にして西を向いて横たわりました。弟子たちゃ集まったものたちが嘆き悲しむなかで、その夜半に静かに涅槃《ねはん》に入ったといわれています。仏教各寺院では、その入寂の光景を描いた「涅槃図《ねはんず》」を掲げ、お釈迦さまの徳をたたえて法要を行ないます。

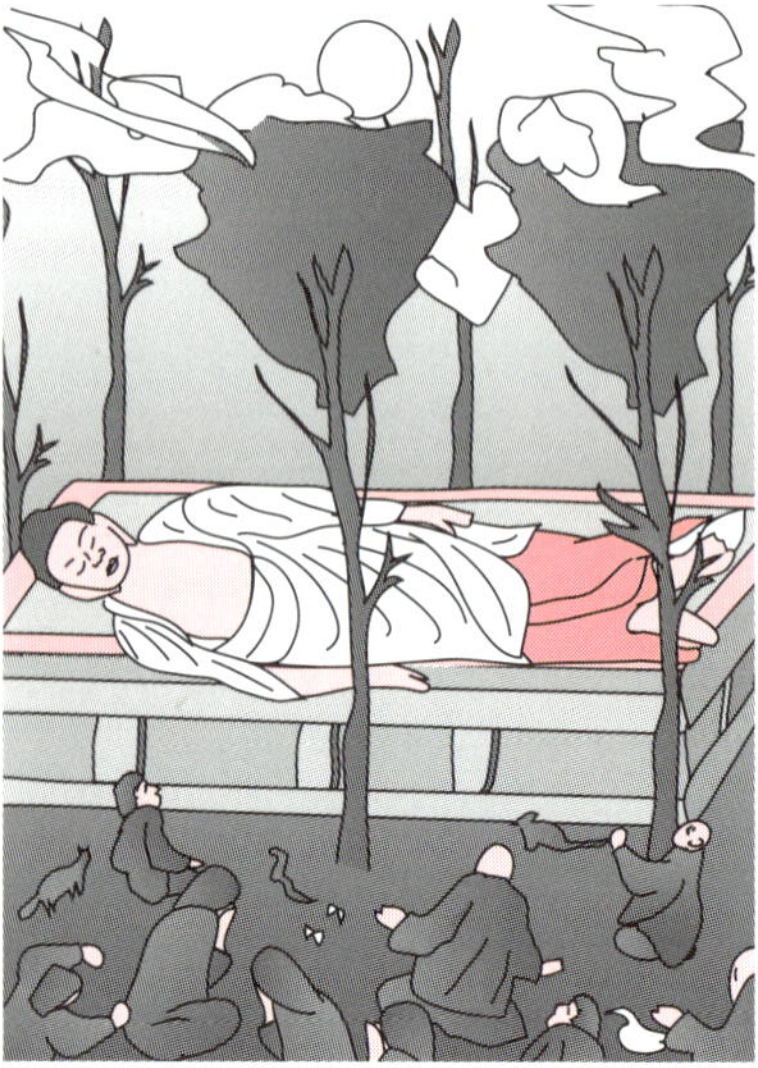

日蓮聖人の誕生を祝う
宗祖降誕会(しゅうそごうたんえ)

日蓮聖人は一二二二年二月一六日、現在の千葉県鴨川市小湊《こみなと》に漁師の子として誕生しました。そのとき、浜辺一面に蓮華が咲きほこり、海上に鯛《たい》が群《むれ》をなし、庭先から清水が湧き出したと伝えられています。

日蓮聖人誕生の霊跡である誕生寺では、この日、聖人の幼像をまつり、誕生会《たんじょうえ》の法要が行なわれます。

周辺は「鯛《たい》の浦《うら》」(妙《たえ》の浦《うら》)と呼ばれ、鯛の生息地として知られています。

『法華経』の布教者を宣言
立教開宗会（りっきょうかいしゅうえ）

一二五三年四月二八日、三二歳の日蓮聖人は、清澄山《きよすみさん》旭《あさひ》ヶ《が》森《もり》の山頂に立ち、太平洋に昇る朝日に向かって「南無妙法蓮華経《なむみょうほうれんげきょう》」と題目をとなえ、いかなる法難があろうとも題目をひろめる決意を表明しました。『法華経』に「末法《まっぽう》において、このお経をひろめようとすれば、さまざまな困難が待ち受けている」と予言されていたからです。そして清澄寺《せいちょうじ》で、はじめて「『法華経』こそが末法の世の人々を救う唯一の教えである」と説法したところから、熱烈な布教が開始されたのです。

清澄寺は日蓮聖人が出家得度《しゅっけとくど》したお寺であり、また立教開宗を宣言した霊跡として、前日から檀信徒が参籠《さんろう》し、朝日を拝して暁天《ぎょうてん》法要が行なわれます。

念仏信徒に襲撃された
松葉谷法難会（まつばがやつほうなんえ）

清澄寺の檀越《だんのつ》（施主）で地頭の東条景信《とうじょうかげのぶ》らの反感を買った日蓮聖人は鎌倉に逃れ、辻説《つじせっ》法《ぽう》をはじめます。大雨や大地震が相次ぎ、飢《き》饉《きん》や疫病が流行するなか、『立正安国論《りっしょうあんこくろん》』を鎌倉幕府前執権北条時頼《さきのしっけんほうじょうときより》に献上し、「仏の国にするには念仏信仰をやめて『法華経』に帰《き》依《え》せよ」と諫言《かんげん》し、はじめての法難を受けます。一二六〇年八月二七日夜、鎌倉松葉谷《まつばがやつ》の草庵《そうあん》を念仏信徒に焼き討ちされたのです。日蓮聖人はあやうく難を逃れ、下総《しもうさ》の富木常忍《ときじょうにん》（のちの日常《にちじょう》）のもとに身を寄せました。

幕府により流罪となった伊豆法難会（いずほうなんえ）

松葉谷法難の翌年の一二六一年五月一二日、鎌倉にもどって布教を再開した日蓮聖人は幕府に捕らえられ、伊豆に流されました。聖人は伊東沖の俎板岩《まないたいわ》に置き去りにされますが、漁師船守弥三郎《ふなもりやさぶろう》に助けられて地頭伊東八郎左《いとうはちろうざ》衛門《えもん》の預かりとなり、二年ほど滞在しました。聖人は四二歳の厄年《やくどし》に伊豆流罪をゆるされたので、伊東氏の持仏堂跡に建つ仏現寺《ぶつげんじ》は「厄《やく》除《よ》けのお寺」として信仰を集めています。

弟子たちが死傷した小松原法難会（こまつばらほうなんえ）

伊豆から鎌倉にもどった日蓮聖人は、「折《しゃく》伏《ぶく》」といわれる激烈な布教を開始します。さらなる布教による死を覚悟した聖人は故郷に帰り、父の墓参と母の病を見舞ったといいます。その帰りである一二六四年一一月一一日、檀越の天津《あまつ》城主工藤吉隆《くどうよしたか》の屋敷に向かう途中、かねてより聖人の命を狙っていた東条景信らに襲撃され、弟子鏡忍房《きょうにんぼう》は殺され、聖人も眉間《みけん》に傷を受けました。弟子ふたりも重傷を負い、駆けつけた吉隆も命を落としました。

その小松原《こまつばら》の地には、一二八一年に聖人の命《めい》を受けた日隆《にちりゅう》（吉隆の子）によって鏡忍寺《きょうにんじ》が建立されています。

奇跡により九死に一生
龍口法難会（りゅうこうほうなんえ）

小松原法難から三年後、中央アジアから東ヨーロッパを征服し、朝鮮半島まで勢力を伸ばしていた蒙古《もうこ》からの使者が来日。日蓮聖人は予言が的中したとして、『立正安国論』をふたたび幕府に献上し、他宗との公場対論を要請しました。そのため一二七一年九月一二日、またも幕府に捕らえられて佐渡流罪をいいわたされますが、密《ひそ》かに鎌倉片瀬《かたせ》の龍口《たつのくち》刑場で斬首《ざんしゅ》されそうになったところに奇跡が起こり、一命をとりとめました。

龍口《りゅうこう》法難の霊跡である龍口寺《りゅうこうじ》では前後三日間にわたる大法要が営まれ、刑場に引かれる聖人に尼が胡麻《ごま》の牡丹餅《ぼたもち》を鍋蓋《なべぶた》の上にのせてささげたという故事にちなんで九月一二日の夕方六時と一三日深夜零時《れいじ》に「難除け牡丹餅」がまかれます。

風雪のなかで信仰を深める
佐渡法難会（さどほうなんえ）

龍口刑場で斬首寸前、九死に一生を得た日蓮聖人は佐渡守護代本間重連《ほんましげつら》に預けられ、同年一〇月一〇日に相模《さがみ》を発って二八日に佐渡に到着しました。約二年半の佐渡滞在のあいだに『開目抄《かいもくしょう》』や『観心本尊抄《かんじんほんぞんしょう》』を著し、教えを体系化していきました。大曼荼羅本尊《だいまんだらほんぞん》をはじめて図顕《ずけん》したのも佐渡です。

「龍口佐渡法難会《りゅうこうさどほうなんえ》」として、九月一二日に合同で行なうこともあります。

宗祖の入滅をしのぶ
御会式（おえしき）

日蓮聖人は佐渡での流人《るにん》生活ののち、晩年は身延山《みのぶさん》にこもり、弟子の育成に努めました。しかし、五六歳ころから体調を崩すようになり、六一歳の秋、里帰りと湯治療養のため常陸《ひたち》に向かうことにしました。しかしその途中、武蔵国《むさしのくに》の檀越池上宗仲《いけがみむねなか》の屋敷で一二八二年一〇月一三日、入滅しました。そのとき地震が起こり、時ならぬ庭の桜がいっせいに咲いたといわれています。

日蓮聖人入滅の霊跡である池上本門寺《いけがみほんもんじ》の御《お》会式《えしき》は一一日から一三日まで日蓮宗最大の法要が営まれ、とくに一二日の逮夜《たいや》（前夜）には宝塔を造花で飾った万灯《まんどう》の練供《ねりく》養《よう》が行なわれ、参詣者でにぎわいます。

一年の幸せを祈念する行事
新年祝祷会（しんねんしゅくとうえ）

仏教各寺院では、年頭に思いを新たにして、正しきを修めるという意味で法要が行なわれます。日蓮宗では、とくに身延山久遠寺《くおんじ》や池上本門寺などが初詣《はつもうで》でにぎわいます。

豆をまいて除災得幸を祈る
節分追儺式（せつぶんついなしき）

節分は季節の分かれ目であり、とくに立春の前日は一年の境と考えられてきました。

日蓮宗のお寺でも年男年女による豆まきが行なわれますが、とくに法華経寺《ほけきょうじ》（20頁参照）の大荒行《だいあらぎょう》修行僧による法楽加持が有名です。

春と秋の仏教週間

彼岸会（ひがんえ）

年二回、春分の日と秋分の日を中日《ちゅうにち》とするそれぞれ七日間を「お彼岸」といいます。

彼岸は、古代インドのサンスクリット語の「パーラミター」（漢語に音写すると「波羅蜜《はらみ》多《た》」）を漢語に訳した「到彼岸《とうひがん》」の略で、「迷いの世界（此岸《しがん》）から悟りの世界（彼岸）へ到る」という意味です。

悟りへの道は、布施《ふせ》・持戒《じかい》・忍辱《にんにく》・精進《しょうじん》・禅定《ぜんじょう》・智慧《ちえ》の六波羅蜜《ろくはらみつ》を実践することです。

布施とは人に施すこと（92頁参照）、持戒は戒律を持《たも》って生きること、忍辱は耐え忍ぶこと、精進は努力すること、禅定は心を落ち着けること、そして智慧とは、以上の実践によって物事の道理を知ることです。

お彼岸は、こうした教えを実践する仏教週間なのです。

先祖の冥福を祈る行事

盂蘭盆会（うらぼんえ）

七月または八月の「お盆」のこと。お釈迦

さまの弟子目連《もくれん》が餓鬼道《がきどう》に堕《お》ちた母親を救うため、仏弟子たちに飲食《おんじき》を供養したという『盂蘭盆経《うらぼんきょう》』に由来しています。

　お盆には、精霊棚《しょうりょうだな》（盆棚）をつくって先祖の位牌《いはい》をまつり、供物で飾って霊膳《れいぜん》（霊供膳《りょうぐぜん》）をそなえます。先祖の霊を乗せるためナスやキュウリで牛や馬をつくり、道に迷わないようにと迎え火や送り火をたく風習があります。精霊流しを行なう地域もあります。

　盆踊りでは、京都松ヶ崎の涌泉寺《ゆうせんじ》で八月一五日・一六日に太鼓の拍子と題目歌に合わせて踊る題目踊りが有名です。

　また、「棚経《たなぎょう》」といって菩提寺《ぼだいじ》の僧侶が檀《だん》家《か》をまわって読経します。その際には、家族も一緒におつとめするようにしましょう。

慈悲の心を養う行事
施餓鬼会（せがきえ）

施餓鬼会《せがきえ》は、お釈迦さまの弟子阿難《あなん》が無縁の精霊を供養することで餓鬼道に堕ちるところを救われたという『救抜焔口餓鬼陀羅尼経《くばつえんくがきだらにきょう》』に由来しています。お盆やお彼岸の行事の一環として行なわれることが多いようです。

菩提寺を新たに探すときの心得

一般に、お寺にお墓があって家の宗教として信仰している方も個人の信仰者も含めて「檀信徒」と呼んでいます。

なお、檀信徒から見て、所属しているお寺が「菩提寺」です。

急に死亡者が出て、菩提寺に無断で葬儀をしてもらったりすると、同じ宗派であっても、トラブルのもとです。引っ越しなどにより、近くに菩提寺を持ちたい場合、郷里に菩提寺があれば、紹介してもらうのがいちばんです。

そして、話し合いのうえできちんと檀信徒名簿の移動をします。

日蓮宗の檀信徒となる儀式
帰正式（きしょうしき）

帰正式は「入信式」とも呼ばれ、社会生活を営みながら、法華経信仰に入り、その道を貫くことを誓う儀式です。僧侶になるための儀式を「得度式《とくどしき》」といいますが、それにならって行なわれます。

まず、入信の趣旨を本尊の前で奉告《ほうこく》し、信仰の誓いを確かめて、日常の礼拝《らいはい》のための本尊などを授与される式次第となっています。

しかし、家の信仰を継承するということで、とくに儀式を行なわない場合も少なくありません。つまり、仏教の誓いは、キリスト教の洗礼のような契約的なものではなく、本人の自覚からはじまる祈りだからです。

お寺の行事に参加しよう

檀信徒として認められたら、菩提寺で開催される行事にはなるべく参加したいものです。日蓮宗のお寺では前述の年中行事のほか、題目講や日蓮聖人の霊跡参詣などが行なわれていますので、こうした行事をきっかけに仏教の教えに親しむのもよいものです。

信仰を確かめ合う題目講

一定の日を決めて、みんなで『法華経』を読み、題目をとなえる集まりを「題目講」といいます。

日蓮聖人の時代から行なわれており、「講《こう》会《え》」などと呼ばれていたようですが、聖人滅後から月命日の一三日に「十三日講」として行なわれるようになりました。現在はそれぞれの地域の範囲だけではなく、さまざまな縁による題目講が開かれています。

一度は参詣したい日蓮聖人の霊跡

日蓮宗では、日蓮聖人が眠る身延山を「祖山」と呼び、『法華経』の教えをひろめ、そのため法難に遭った場所に建つ寺院を「霊跡寺院」（22頁参照）と呼んでいます。

いまほど旅が容易ではなかった昔から、日蓮宗の檀信徒は霊跡参詣を行なってきました。それは日蓮聖人との対面であり、自分の心との対話でもあります。真剣に題目をとなえる心を持ちつづけることは決してたやすいことではありません。昔は苦難の旅に身を置いて自身の信仰を新たにする意味もあったのでしょうが、今日でも神聖な気持ちになれます。

布施は僧侶への報酬ではない

お寺の行事に参加するときは布施を持参します。布施には、教えを説く「法施《ほうせ》」、金品を施す「財施《ざいせ》」、畏怖を取り去る「無畏施《むいせ》」があります。つまり、僧侶も檀信徒もお互いに自分ができることをさせていただくということです。ですから、金封の表書きは「御経料」「回《え》向料《こうりょう》」「御礼」ではなく、「御布施」とします。

第5章

日蓮宗のお葬式

❶葬儀の意義
❷臨終から納棺
❸通夜・葬儀
❹火葬からお骨あげ法要・お斎

日蓮宗の葬儀は人生の意義の確認

愛する家族を亡くすのはとてもつらいことです。お釈迦さまは、これを「愛別離苦《あいべつりく》」といって、人生において避けては通れない苦しみのひとつであると教えています。

遺《のこ》された人は、亡き人に対して、こうしてあげればよかった、もっと何かできたのではないかと後悔することもあるでしょう。

しかし、人間は悲しみに涙したとき、はじめて真実が見えてくるものです。

お釈迦さまは、「すべてのものは絶えず変化し（諸行無常《しょぎょうむじょう》）、何ひとつ独立して存在するものはない（諸法無我《しょほうむが》）。その現実をしっかり見つめ、正しい生き方をすれば、やすらかな気持ちになれる（涅槃寂静《ねはんじゃくじょう》）」と説いています。遺された人が嘆《なげ》き悲しんでばかりいれば、亡き人も悲しいはずです。それに気づいて、人生の無常を自覚し、自分の残された人生を悔いなく生きることが亡き人の願いなのです。

日蓮聖人は、「題目をとなえることによって、『法華経』如来寿量品《にょらいじゅりょうほん》に説かれている久《く》遠実成《おんじつじょう》の釈迦牟尼仏《しゃかむにぶつ》（11頁参照）の救いにあずかることができる」と説きました。その救いは、現世でも死後でも変わりません。法華経信仰者は仏の子として永遠の生命につらなる存在であり、死後はお釈迦さまが説法している霊山浄土《りょうぜんじょうど》に向かい、お釈迦さまとともに生きつづけるのです。

日蓮宗の葬儀とは、住職が橋渡し役（導師《どうし》）となってお釈迦さまに故人を仏弟子としてお迎えくださるようお願いし、故人に仏弟子としての名である法号《ほうごう》（戒名《かいみょう》）を授けて霊山浄土に送る大切な儀式です。

したがって日蓮宗で葬儀を行なうということは、遺族にとって、故人の冥福《めいふく》を祈ることで悲しみの心を癒《いや》すとともに、『法華経』の教えをよりどころとしていく出発点でもあるわけです。また参列者も、故人から受けた恩に感謝し、各々の心で別れを告げます。

葬儀と告別式は異なる

一般に、故人との最後のお別れの儀式を「葬儀告別式」と呼んでいますが、葬儀と告別式は意味がちがうものです。

葬儀は近親者による宗教儀礼です。いっぽう告別式は、友人や知人、会社関係など社会的な必要で行なわれるものです。

最近では、葬儀は近親者だけで行ない、後日一般の方を招いて宗教色抜きの「お別れの会」を開くというやり方も増えています。

まず、お寺に連絡
そのあとで葬儀社へ

現在は病院で亡くなることがほとんどです。医師から臨終を宣告されたら、近親者と、故人ととくに親しかった人に連絡します。

臨終の際に「末期《まつご》の水」といって、口に水をふくませる風習がありますが、現在は死亡直後に病院で用意してくれますので近親の順番に行ないます。その後、看護師が遺体の処置（清拭《せいしき》）を行ない、霊安室に安置します。

家族は、菩提寺《ぼだいじ》の住職にすぐに連絡し、枕経、通夜・葬儀のお願いをします。葬儀社にはそのあとで連絡します。

この順番をまちがうと、トラブルになることがあります。菩提寺が遠い場合でも住職が来てくださる場合もありますし、もしくは近くのお寺を紹介してくださいます。

お寺とのつきあいがないときは、年長の親族に宗派を確かめて、本山から近くのお寺を紹介していただきます。

また、葬儀社が決まっていない場合には、病院が出入りの葬儀社を紹介してくれますので、遺体をいったん自宅に運んでもらい、その後、葬儀社を変更することもできます。

通夜・葬儀の日程が決まったら、知らせるべきところに連絡します。

●枕飾り

❶ろうそく ❷浄水 ❸一膳飯 ❹一本樒か花
❺リン ❻一本線香 ❼線香立て ❽枕団子
❾守り刀
❶
❺
❷
❼
❻
❾
❸
❹
❽

*布団カバーやシーツは白いものにする
*逆さ屏風や逆さ布団などの風習が残っている地域もある

遺体の安置と枕飾り

遺体は仏間か座敷に安置します。

このとき、できれば頭を北にします（これを「北枕《きたまくら》」という）が、部屋の都合により、こだわる必要はありません。

遺体の両手を胸の上で組み合わせて数珠《じゅず》を持たせ、薄手の掛け布団をかけます。そして顔を白い布でおおいます。

神棚があれば、四十九日《しじゅうくにち》の満中陰《まんちゅういん》（113頁参照）まで白紙を貼ることもありますが、本来、仏教では死はけがれではありませんので、こだわる必要はありません。同様に、仏壇の扉も閉じておく地域もありますが、仏壇は本尊をおまつりしているので開けておくのが本来です。その場合、華瓶《けびょう》（50頁参照）も樒《しきみ》などの青木に替えます。

故人の枕頭には大曼荼羅本尊《だいまんだらほんぞん》を掲げ、枕元には枕飾りを調えて、住職に枕経をしていただきます。大曼荼羅本尊は菩提寺《ぼだいじ》から拝借するとよいでしょう。

枕経では、日常のおつとめで読まれるお経と『追善回向文《ついぜんえこうもん》』がとなえられます。遺族は地味な服装で住職の後ろにすわり、おつとめします。枕経のあと、住職と通夜・葬儀などの打ち合わせをします。

湯灌を行ない死装束をつける

枕経のあと、湯灌《ゆかん》を行ない、棺《ひつぎ》に納めます。湯灌とは、遺体を湯で拭《ふ》いて清めることです。男性なら髭《ひげ》をそり、女性なら薄化粧をします。そして、経帷子《きょうかたびら》を左前に着せ、手甲《てっこう》、脚絆《きゃはん》、わらじといった「死装束《しにしょうぞく》」をつけます。

死装束は本来、巡礼の装束で、「死者は四十九日の冥土《めいど》の旅に出て行き先が決まる」という冥界《めいかい》思想によるものです。六文銭《ろくもんせん》が入った頭陀袋《ずだぶくろ》を持たせるのは、三途《さんず》の川の渡し賃であるといわれています。

このときはまだ釘《くぎ》を打たずに蓋《ふた》をして、棺の上に棺掛《かんがけ》（正式には七条袈裟《しちじょうげさ》）をかけて祭壇に安置します。

●死装束

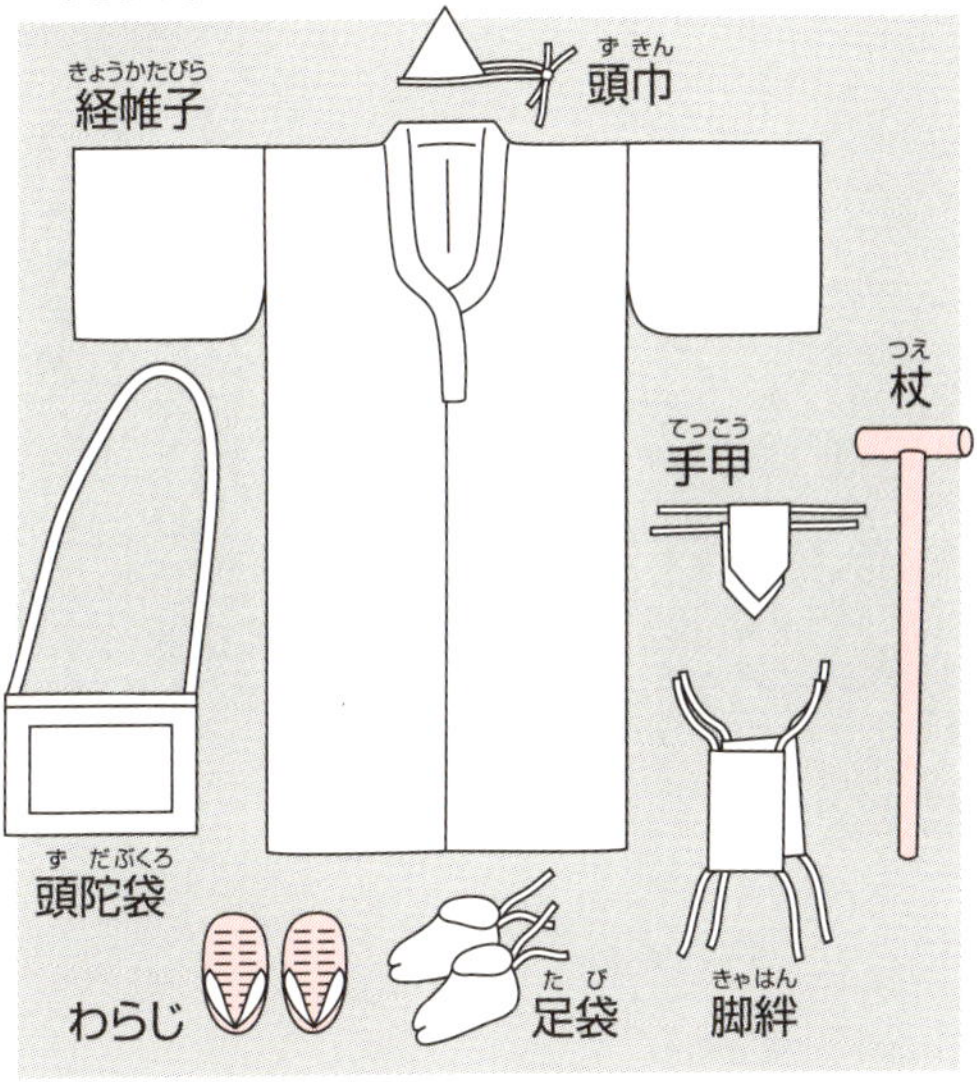

祭壇を準備する

最近では、通夜・葬儀を葬儀場で行なうケースが増えていますが、できるだけ、本来の宗教施設であるお寺で行なうことが望ましいと考えられます。

葬儀社に頼めば、祭壇などすべて用意してくれますが、日蓮宗の作法とちがう場合もあるので住職に見てもらい、ちがっているところは正します。

また、住職が通夜までに法号を白木《しらき》の位牌《いはい》に書いてくださるので祭壇におまつりします。

いまは半通夜が主流

「遺族や親族、故人と縁のあった人たちが集まって葬儀まで静かに故人に付き添う」というのが、通夜の本来の意味です。

灯明《とうみょう》や線香を絶やさないように寝ずの番をする「夜とぎ」の風習が残っている地域もありますが、最近では夜六時ごろから二、三時間で終わる「半通夜」が主流になっています。

それは、葬儀に参列できない人が通夜に参列するようになったことと、遺族も翌日の葬儀にそなえて休むようになったためです。

読経中は静かに仏法に耳を傾ける

日蓮宗の通夜の読経《どきょう》では、『法華経』方便《ほうべん》品《ぼん》や提婆達多品《だいばだったほん》、如来寿量品《にょらいじゅりょうほん》、如来神力品《にょらいじんりきほん》、『欲令衆《よくりょうしゅ》』などから故人にふさわしいお経が読まれます。たとえば、故人が女性の場合には女人成仏を説く提婆達多品がよく読まれます。檀信徒は経本を持参し、導師とともに唱和したいものです。

導師の焼香につづいて、喪主、遺族、親族、弔問客の焼香となります。

そのあいだ、導師の読経がつづいています

●通夜の進行例

1	弔問客の受付	式の30分前から受付をはじめる
2	導師（僧侶）をお迎えに行く	祭壇の荘厳を確認していただき、控室に案内する。帰りもお送りする
3	参列者一同着席	喪主や遺族、親族は、弔問客よりも先に着席しておく
4	導師（僧侶）入場	一同、黙礼で導師を迎える
5	読経・焼香	導師の焼香後、喪主、遺族、親族、弔問客の順に焼香を行なう。その後、祖訓（御妙判）が読まれ、全員で唱題する
6	通夜説教	導師が故人の徳や人の生と死の意味などを説く
7	導師（僧侶）退場	一同、黙礼で導師を見送る
8	喪主のあいさつ	喪主に代わって、親族の代表があいさつすることもある
9	通夜ぶるまい	導師が辞退されたときは、折詰をお寺に持参するか、「御膳料」を包む。弔問客は長居をせずに係から会葬御礼を受け取って帰る

が、しばしば、焼香を終えた遺族の方たちが入口の近くに行って、弔問客一人ひとりに頭を下げている姿が見受けられます。

通夜は弔問客とあいさつを交わす場ではありません。これは葬儀においてもいえることです。弔問客が多い場合、焼香が済んだ方から退席するよう指示されることもありますが、ふつうは読経や焼香がつづいているあいだに参列者が退席するのは大変失礼なことです。

参列者は焼香を終えたら静かに席にもどり、仏法に耳を傾けてもらいたいものです。

弔問客の焼香が済んだら祖訓《そくん》（御妙判《ごみょうはん》＝日蓮聖人の遺文の一節）が読まれ、唱題となりますので、全員で題目を繰り返しとなえます。

焼香は正式には三回

日蓮宗では「三宝供養《さんぼうくよう》」といって、仏《ぶっ》・法《ぽう》・僧《そう》を敬い、その誠をあらわす意味で、焼香を三回行ないます。しかし、弔問客の人数や時間の関係で一回で済ませたほうがよい場合もあります。焼香は回数の問題ではなく、真心を込めて行なうことが大切です。また、線香の場合も、香を供養するという意味で同様に三本または一本立てます。

通夜・葬儀が一段落したら、お手伝いの方たちにも焼香してもらいます。

●焼香の作法

①数珠を左手に持って進み、遺族は弔問席に（弔問客は遺族席に）一礼、そして導師に一礼したのち、本尊に合掌礼拝する

▼

②香を右手でつまんで左手をそえ、額にささげてから香炉に入れる
（3回行なう場合は同様に）

▼

③本尊に合掌礼拝したのち導師に一礼、遺族は弔問席に（弔問客は遺族席に）一礼し、自分の席にもどる

＊式場がせまいときは「回し焼香」といって、香炉を順に送って自分の席で焼香する

法号は仏弟子の証

日蓮宗の戒名は「法号《ほうごう》」と呼ばれ、院号・道号・日号・位号で構成されています。

道号は故人の徳をあらわし、男性には「法」、女性には「妙」の字がよく使われます。日号は日蓮聖人の教えに導かれ、仏弟子となった証《あかし》として「日」の字を与えられることがいちばんの名誉です。道号と日号は対句でまとめられ、俗名《ぞくみょう》の一字を入れることもあります。

日蓮宗では、院号は住居の称号として、一般の檀信徒の位号である「信士《しんじ》」「信女《しんにょ》」に

⑫ **導師読経**
『宝塔偈』回向文』『四誓』『三帰』のあと、『奉送』をとなえて諸仏諸天を送る

▼

⑬ **導師(僧侶)退場**
椅子席の場合は起立して、座敷の場合は正座で軽く頭を下げて僧侶を送る

▼

⑭ **閉式の辞**

▼

⑮ **最後の対面**
近親者と、故人ととくに親しかった人たちが故人と最後のお別れをする

▼

⑯ **出棺・喪主のあいさつ**
喪主に代わって、親族の代表があいさつすることもある。一般の会葬者は合掌して出棺を見送り、係から会葬御礼を受け取って帰る

●日蓮宗の法号

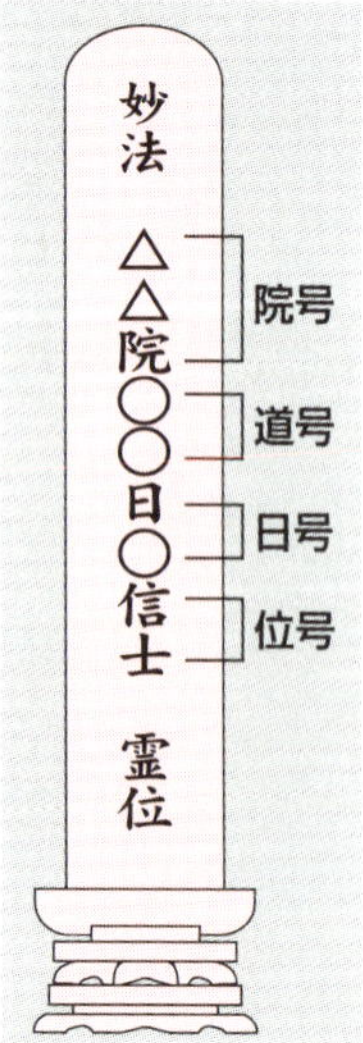

もつけられます。「童子《どうじ》」「童女《どうによ》」は一五歳未満をあらわします。そして「嬰児《えいじ》」「嬰女《えいによ》」と「孩児《がいじ》」「孩女《がいによ》」は乳児や幼児に、「水子《すいし》」は流産や死産の胎児につけられる位号です。

また、篤信《とくしん》の檀信徒には「居士《こじ》」「大姉《だいし》」の位号が与えられます。また、「清信士《しょうしんじ》」「清信女《しんによ》」「清大姉《しょうだいし》」が使われることもあります。さらに、社会や宗門に貢献した男性には「大《だい》居士《こじ》」の位号と院殿号が冠されます。

●葬儀告別式の進行例

1 会葬者の受付	式の30分前から受付をはじめる
2 導師（僧侶）をお迎えに行く	通夜同様、控室に案内する。帰りもお送りする
3 参列者一同着席	喪主、遺族、親族は、一般の会葬者よりも先に着席しておく
4 導師（僧侶）入場	椅子席の場合は起立して、座敷の場合は正座で軽く頭を下げて僧侶を迎える
5 開式の辞	葬儀社の担当者が司会をつとめることが多い
6 導師読経	『道場偈』『三宝礼』『勧請』などをとなえ、諸仏諸天の来臨を願う
7 一同読経	『開経偈』のあと、『法華経』の肝要な諸品（方便品や提婆達多品、如来寿量品、如来神力品など）から故人にふさわしいお経が読まれるので、参列者も唱和する
8 引導文	お釈迦さまに故人の法号を奉告し、仏弟子としてお迎えくださるようお願いし、故人の霊に対してこれから仏さまのもとに逝く心がまえや安心を説き示す
9 弔辞拝受・弔電拝読	読み終えた弔辞や弔電は祭壇にそなえる。弔電拝読は焼香後に行なわれることもある
10 読経・焼香	導師の焼香のあと、『法華経』の肝要な諸品を読経中、喪主、遺族、親族、一般会葬者の順に焼香を行なう
11 祖訓（御妙判）・唱題	日蓮聖人の遺文の一節を拝読し、題目を繰り返しとなえる

最後の対面をし、出棺する

近親者と、故人ととくに親しかった人たちは、故人と最後の対面をします。各自が生花（花の部分だけ）で遺体の周囲を飾り、合掌してお別れをします。その後、喪主から血縁の順に棺の蓋に頭のほうから釘を打ちます。最近は釘打ちを省略することもあります。

そして、近親者らの手によって棺を霊柩車《れいきゅうしゃ》に運び、喪主または親族の代表者が出棺を見送る一般の会葬者の前で会葬御礼のあいさつをして葬儀告別式を終了します。

香典は「御香資」か「御霊前」とする

香典とは本来、「香をそなえる」ことですが、次第に香を買う代金として、お金を包むようになりました。ですから表書きは「御香《ごこう》資《し》」とします。また、市販の不祝儀袋を用いる場合は「御霊前《ごれいぜん》」とします。通夜と葬儀告別式の両方に参列する場合、香典は通夜に持参するとよいでしょう。参列しないときは遅くとも四十九日の満中陰までに届けます。

火葬とお骨あげ

火葬場へ向かうときは、住職を先導に、喪主が白木の位牌を持ち、他の遺族が遺影《いえい》と空《から》の骨箱《こつばこ》を持って、棺、親族がつづきます。

棺はおかまの前に安置されます。小さな台の上には燭台《しょくだい》と香炉が用意されているので、白木の位牌と遺影、骨箱を置きます。

故人と、本当の意味での最後の対面をして、棺をおかまへ納めます。このとき、住職にお経をあげていただき、全員で焼香します。

火葬の時間は施設によってちがいますが、だいたい一時間前後です。そのあいだ、控室で茶菓や飲み物をとりながら待ちます。

遺骨を拾って骨壷《こつつぼ》に収めることを「収骨」や「お骨《こつ》あげ」といいます。お骨あげの連絡を受けたら、おかまの前に行きます。

火葬場の係員の指示にしたがって全員で順番に骨壷に収めます。そのとき二人一組になって竹の箸《はし》などでお骨をはさんで拾う「箸渡し」の風習は三途《さんず》の川を渡してあげる橋渡しの意味からきているようですが、いまはこだわらないようです。

最後に係員が骨壷を骨箱に入れて白布で包んでくれますので、喪主が骨箱を持ち、他の遺族が位牌と遺影を持って帰ります。

中陰壇の前でお骨あげの読経をする

火葬のあいだに自宅に遺骨を迎える準備をするため、親族のなかから留守番の人を残しておきます。

●中陰壇

留守番の人は、四十九日の満中陰までまつる中陰壇《ちゅういんだん》（あと飾り）を仏壇の前に用意します。仏壇がない部屋では本尊をまつります。

中陰壇に遺骨を安置し、住職にお骨あげの読経をしていただきます。これを「お骨あげ法要」といいます。遺族らは住職の後ろにすわって焼香します。

最近では、つづけて初七日《しょなのか》法要をすることも多くなっています。これを「繰り上げ初七日」といいます。

最後にお斎

●お斎の席次の例

読経が終わったら、住職をはじめ、残っていただいた会葬者に感謝の気持ちを込めて酒食の接待をします。

これを「お斎《とき》」といいます。

一般に「精進落《しょうじん》とし」と呼ばれていますが、これは死をけがれとして忌《い》みきらうことからきています。仏教では死をけがれとは考えていません。

席順は、住職を最上席とし、世話役や友人がつづき、親族、遺族、喪主は末席にすわります。

喪主は末席から葬儀が無事終了したお礼のあいさつをします。そして遺族は各席をまわってもてなします。

お葬式のお礼は後日出向く

枕経、通夜・葬儀からお骨あげまで導師をつとめていただいた住職や僧侶へのお礼は、あらためて後日、それほど日が経たないうちに喪主や親族の代表がお寺に出向きます。ただし、「御車代」や「御膳料」は当日その場でお渡しします。

最近では、謝礼も葬儀が済んで僧侶が帰れる際に差し上げることが多いようですが、これは略式なので「本来ならば、お礼にうかがうべきところですが、お託《ことづ》けしてまことに失礼いたします」と一言添えましょう。

僧侶への謝礼に「読経料」「戒名料」と書く方もいますが、正式には奉書包《ほうしょづつみ》に「御布施」と表書きし、黒白の水引《みずひき》をかけます。半紙で中包みして市販の不祝儀袋に入れてもかまいません。そして、小さなお盆などにのせて差し出します。このほうが、直接手渡すよりもていねいです。

「御布施の金額は、志でけっこうです」といわれ、見当がつかないときは、僧侶の人数も考慮し、檀家総代や町内会の世話役などに相談する方法もあります。なによりも、施主の気持ちをあらわすように心がけることが大切です。

第6章

日蓮宗の法事

❶中陰忌法要と年回(年忌)法要
❷法事の営み方

法事は人生の無常を知るよい機会

大切な人を亡くした遺族の悲しみやつらさは、死の直後だけではなく、ときには数年もつづくことがあります。

仏教では、四十九日《しじゅうくにち》や一周忌、三回忌などに法事（正式には法要という）を行ないます。これは遺族の悲しみを段階的にやわらげていくグリーフワークともいえます。

グリーフワークというのは、大切な人を亡くした深い悲しみをさまざまなかたちで表にあらわすことで、その事実を受け入れていく心の作業のことです。

喪失感や悲嘆を乗り越えるプロセスは人によって千差万別です。もしグリーフワークが正しく行なわれなければ、悲しみを無理に抑制することで心身症に陥る危険もあります。あるいは生きる力を失ってしまう場合さえあります。遺族は誰もがこの喪失体験を乗り越えなければなりません。法事は人生が無常であることに気づかせてくれ、亡き人をよい思い出に変えてくれます。また、自分自身の人生の意義を自覚する機会でもあります。

ですから私たちは法事をないがしろにせずに、縁者そろっておつとめしたいものです。

中陰忌法要や年回法要は、大切な人を亡く

した悲しみを癒《いや》していくためにインド・中国・日本などの文化を統合した知恵なのです。

七日ごとに行なう 中陰忌法要

亡くなった日を含む四九日間を「中陰《ちゅういん》」といい、七日ごとに七回の法要を行ないます。

中陰は「中有《ちゅうう》」ともいい、死者は四九日目に死後の行き場所が決まるという、古代インドの思想を背景としたものです。ここから「四十九日の冥土《めいど》の旅」がいわれるようになり、故人が無事に成仏してくれることを祈る追善供養の意味で中陰忌法要が行なわれます。

なお、関西では「お逮夜《たいや》」といって、忌日の前夜に法要を営むことが多いようです。

忌明け後は 本位牌に替える

中陰中は白木《しらき》の位牌《いはい》と遺骨をまつった中陰壇（108頁参照）が設けられます。

中陰忌法要はほとんどの場合、自宅に住職を迎えて遺族だけで行なわれますが、満中陰《まんちゅういん》（四十九日）には、親族や、故人ととくに親しかった友人などを招いて営みます。これで忌明《きあ》けとなりますので中陰壇は片付けます。

白木の位牌は菩提寺《ぼだいじ》に納め、塗りの本位牌に替えます。遺骨は納骨するまで小机に置き、遺影は仏壇の外に飾ります。また、会葬者に御礼状と香典返しを発送します。

中陰の期間が三月《みつき》にわたる場合、「四十九《しじゅうく》(始終苦)が三月(身に付く)」という語呂合わせから五七日《いつなのか》(三五日目)で忌明けとする風習がありますが、迷信です。

百カ日は「卒哭忌《そっこくき》」ともいわれ、悲しみで泣き明かしていた遺族も少しは気持ちが落ち着くことを意味しています。百カ日も遺族だけでつとめることが多いようです。

また、一周忌までの期間を「喪中《もちゅう》」といい、中陰後にはじめて迎えるお盆を「初盆《はつぼん》」または「新盆《にいぼん》」と呼びます。

祥月命日・月命日にはおつとめを

一般に「法事」と呼んでいるのは、年回(年忌)法要のことです。

死亡した日と同月同日の「祥月命日《しょうつきめいにち》」に合わせて年回法要を営みます。

年回法要は、亡くなって一年目が一周忌、それ以降は二年目が三回忌(亡くなった年を一と数えるため)、六年目が七回忌となります。その次は十三回忌、十七回忌、二十三回忌、二十七回忌、三十三回忌、三十七回忌、五十回忌となります。その後は五〇年ごとの

●年回（年忌）法要早見表

死亡年＼法要	一周忌	三回忌	七回忌	十三回忌	十七回忌	二十三回忌
1993（平成5）年	1994	1995	1999	2005	2009	2015
1994（平成6）年	1995	1996	2000	2006	2010	2016
1995（平成7）年	1996	1997	2001	2007	2011	2017
1996（平成8）年	1997	1998	2002	2008	2012	2018
1997（平成9）年	1998	1999	2003	2009	2013	2019
1998（平成10）年	1999	2000	2004	2010	2014	2020
1999（平成11）年	2000	2001	2005	2011	2015	2021
2000（平成12）年	2001	2002	2006	2012	2016	2022
2001（平成13）年	2002	2003	2007	2013	2017	2023
2002（平成14）年	2003	2004	2008	2014	2018	2024
2003（平成15）年	2004	2005	2009	2015	2019	2025
2004（平成16）年	2005	2006	2010	2016	2020	2026
2005（平成17）年	2006	2007	2011	2017	2021	2027
2006（平成18）年	2007	2008	2012	2018	2022	2028
2007（平成19）年	2008	2009	2013	2019	2023	2029
2008（平成20）年	2009	2010	2014	2020	2024	2030
2009（平成21）年	2010	2011	2015	2021	2025	2031
2010（平成22）年	2011	2012	2016	2022	2026	2032

「遠忌《おんき》」となります。

なお地域によっては、二十五回忌や三十回忌、四十三回忌、四十七回忌を行なう場合もあります。

また、月ごとの命日を「月命日《つきめいにち》」または「月忌《がっき》」といいます。とくに亡くなった翌月の命日は「初月忌《はつがっき》」と呼ばれます。

地域によっては、年回法要以外の年の祥月命日や月命日にも住職を迎えて自宅の仏壇の前でおつとめをする風習があります。そのときは、家族そろって住職の後ろにすわっておつとめをします。

できれば、こうした日には家族そろって朝夕のおつとめをしたいものです。

併修は、やむをえず行なうもの

一般的に、一周忌と三回忌は親族や故人の友人を招いて盛大に営まれます。それ以降の年回法要は家族だけで行なうことが多いようです。

年回法要は故人一人ずつそれぞれに行ないたいものですが、一年経つか経たないうちに年回法要の忌日がつづくことがあります。

たとえば、父親の十三回忌と祖父の三十三回忌が同じ年になったという場合です。このときは法要を合わせて行なうことがあり、これを「併修《へいしゅう》」または「合斎《がっさい》」といいます。

ただし、併修をできるといっても、故人が夫婦や親子であるという近い関係で、しかも七回忌を過ぎていることが条件になります。また、中陰忌法要と年回法要を併修することはしません。併修をする場合は、菩提寺の住職にあらかじめ相談しましょう。

法要の日取りは、早いほうの祥月命日に合わせることが多いようです。それは、仏事をないがしろにしないように、という戒めからいわれてきたことです。

また、併修を行なってもそれぞれの祥月命日には、住職を迎えてお経をあげていただきたいものです。

法事の青写真を描き、菩提寺に相談

法事（年回法要）を行なうときにもっとも重要なのは日取りと場所です。僧侶や参会者の都合もありますので、できれば半年前、遅くとも三カ月前には準備をはじめましょう。

祥月命日に行なうのがいちばんですが、参会者の都合を考えて週末に法要を行なうことが多くなりました。日にちをずらす場合は、できるだけ祥月命日より遅らせないようにします。檀家《だんか》の多いお寺では法事が休日に集中するので、まず菩提寺に希望する日時の連絡をします。もしも年回忌の年がわからなくなってしまったときは、菩提寺にある過去帳を調べてもらいます。

場所は、お寺か自宅が考えられます。参会者の人数やお寺の事情、地域の風習などによって異なります。また、当日お墓参りを行なうか、お斎《とき》をどのようにするかなど、全体の青写真を描いてみます。

日時や場所などが正式決定したら、参会していただく方へ案内状を出します。

お斎の料理、引き出物などの準備がありますから早めに送付します。また、返信用のハガキを同封するなどして出欠の確認をとるようにするとよいでしょう。

ふだんより豪華な仏壇の荘厳にする

法事のときには、故人の位牌を前面に安置し、仏壇の荘厳《しょうごん》をふだんより豪華にします（50・51頁参照）。

平常は三具足《みつぐそく》のところは、できれば五具足《ごぐそく》にして、高坏《たかつき》に団子、菓子や果物《くだもの》などを盛り、精進料理を盛り付けた霊膳《れいぜん》をそなえます。霊膳は正式には、本尊と精霊《しょうりょう》（故人）のために二膳用意します。参会者からいただいた供物などは仏壇の脇に台を設けてそなえるようにするとよいでしょう。

過去帳があれば、故人の法号《ほうごう》（戒名《かいみょう》）が記されている頁を開いておきます。

自宅で法事を行なう場合には、法事用の祭壇を別につくることもあります。また、回し焼香にすることが多いようです。お盆の上に、火だねの香炭《こうずみ》と抹香を入れた角《かく》香炉《こうろ》を用意します。焼香の作法は葬儀のときと同様です（103頁参照）。不明な点は住職にたずねます。

回し焼香用の角香炉

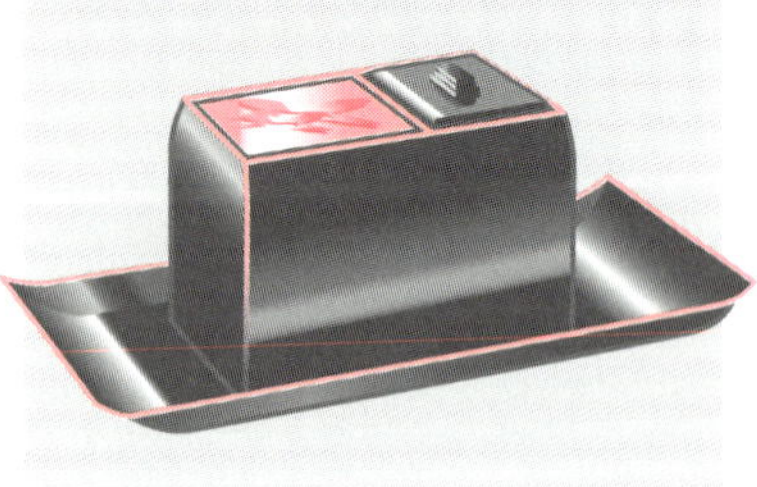

●法事の進行例

1. **僧侶の出迎え**……施主が控えの部屋に案内する ▼
2. **参会者着座**……施主、血縁の深い順にすわる ▼
3. **施主の開式のあいさつ** ▼
4. **僧侶（導師）着座** ▼
5. **読　経**……導師に合わせて唱和する ▼
6. **焼　香**……施主、血縁の深い順に焼香する ▼
7. **法　話**……導師が故人の徳をしのんで法話をする ▼
8. **施主の閉式のあいさつ**…その後の予定を説明する ▼
9. **お墓参り** ▼
10. **お斎**…施主は末席からあいさつする。引き出物を渡す ▼

法事に招かれたら まず本尊に合掌礼拝

法事に招かれた方は数珠《じゅず》を持参し、到着したらまず仏壇に手を合わせます。法事は日ごろ疎遠になりがちな親族が顔を合わせるよい機会ですが、仏事のために参集したことを忘れてはいけません。

香をたいて本尊に合掌礼拝《らいはい》し、持参した供《く》物料《もつりょう》を仏壇にそなえます。このとき、リンを鳴らすのはまちがいです。リンは読経《どきょう》のときだけに鳴らすものと心得ておきたいものです。供物料の表書きは「御仏前《ごぶつぜん》」とします。

お墓参りと塔婆供養

法事が終わったら、お墓参りをします。

このとき、故人への供養として板塔婆《いたとうば》をそなえます（126頁参照）。板塔婆は事前に施主が菩提寺に依頼しておきます。塔婆料は、お寺によって決まっているので、たずねてかまいません。何基もお願いするときは、供養者の名前を紙に書いて届けるようにしましょう。

塔婆供養をしたい参会者は、法事の案内状の返信時にその旨を伝え、当日、供物料とは別に「御塔婆料」として施主に渡します。

引き出物と僧侶への謝礼

施主にとって、お斎の料理や引き出物はとても気をつかうものですが、そればかりに気をとられないようにしたいものです。

引き出物の表書きは「粗供養《そくよう》」あるいは「志」とし、お斎の終了間際に参会者に渡します。そして、末席からあいさつをします。

僧侶への謝礼は「御布施」とし、お見送りする際に「御車代」とともに渡します。また、僧侶がお斎に列席されないときには折詰を差し上げるか、「御膳料」を包みます。

第7章

日蓮宗のお墓

❶お墓とは
❷開眼法要・納骨法要
❸お墓参りの心得

お墓は故人や先祖を供養する聖地

お墓は遺体や遺骨を埋葬した目じるしであり、故人や先祖を供養する聖地として大切にされてきました。

お墓の原形は塔です。荼毘《だび》に付《ふ》されたお釈迦さまの遺骨を「仏舎利《ぶっしゃり》」といいますが、八つに分骨されました。お釈迦さまを慕う人々がそれぞれの国に持ち帰り、仏舎利塔を建ててまつったのです。そこからまた、さらに分骨されて数多くの仏舎利塔が建てられました。そして、そのまわりに礼拝《らいはい》施設や僧房ができて寺院となりました。お経にはしばしば塔を建てることの功徳《くどく》が強調されています。

中国や日本では五重塔などが盛んに建てられました。その後、その石造りのものが「五輪塔」と呼ばれ、お墓として建てられるようになりました。

また、仏舎利塔は古代インドのサンスクリット語で「ストゥーパ」といいます。これを漢語に音写したのが「卒塔婆《そとうば》」です。

日本に伝わった仏舎利塔は、ひとつはお墓となり、もうひとつは追善供養として立てる角塔婆や板塔婆となりました。つまり、お墓とは、故人や先祖のおかげで私たちがいまあることに感謝するための場所なのです。

墓地を買うときは宗派を確認

墓地を購入するというのは、土地を買うことではなく、墓地の永代使用権料をまとめて支払うことです。この権利は、直系の子孫が代々受け継ぐことができます。

さて、墓地を購入する際に気をつけたいことがあります。それは宗派についてです。

墓地は、運営母体によって、寺院墓地、公営墓地、民間墓地に分かれます。

都道府県、市町村などの自治体が運営している公営墓地や、郊外に大規模な霊園をつくって運営している民間墓地では、宗派を問わないところがほとんどです。

しかし、寺院墓地を求める場合には、そのお寺の檀家《だんか》になることが条件になります。当然、仏事はすべてそのお寺の宗派の作法で行なわれることになります。あとでトラブルになることのないようかならず宗派を確認し、納得して契約するべきです。

日蓮宗のお墓には題目を刻むとよい

現在もっとも多いのは、一家で一基のお墓を代々受け継いでいく家墓《いえばか》（家族墓）です。

●日蓮宗のお墓

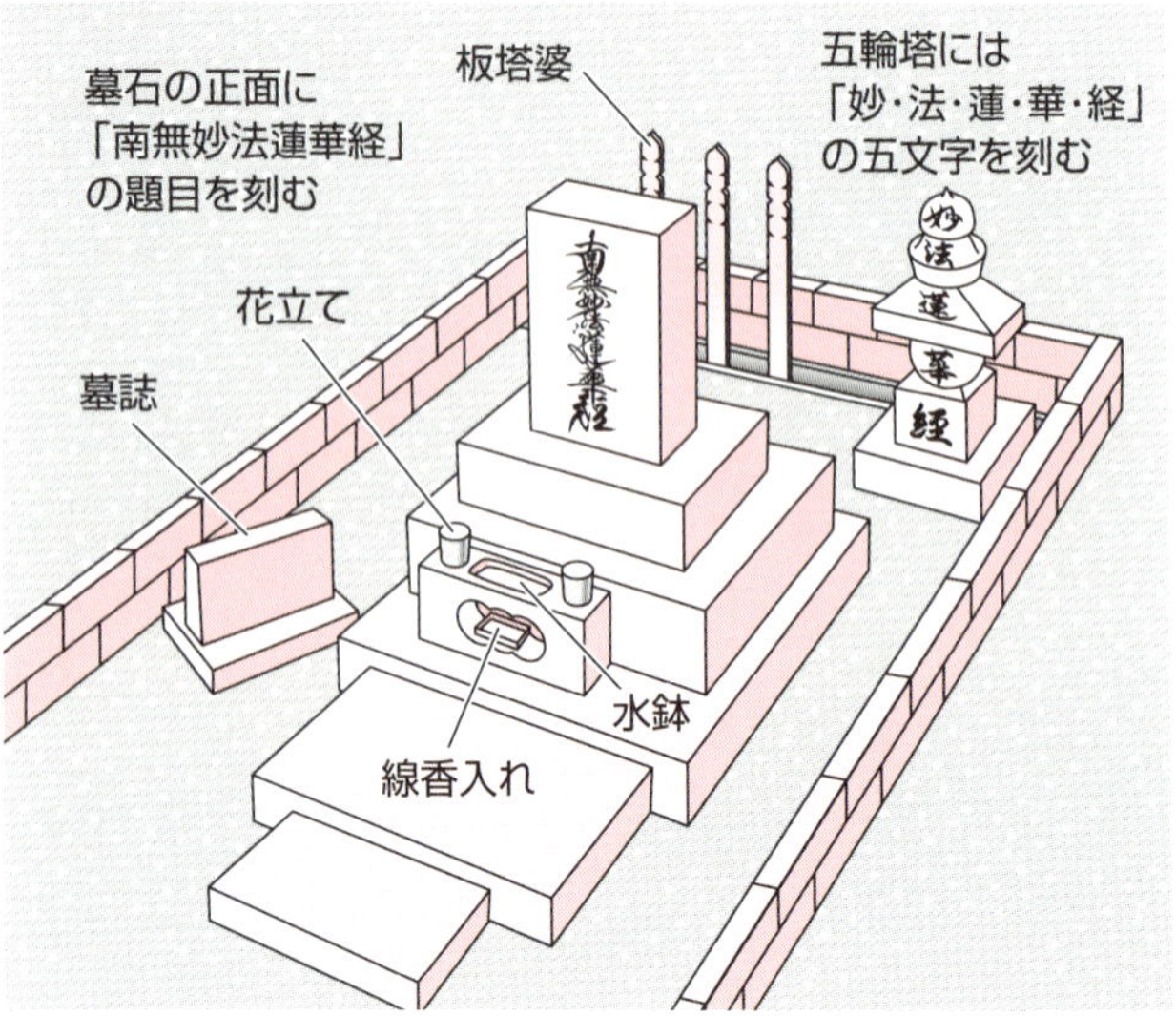

日蓮宗では、墓石の正面に「南《な》無《む》妙《みょう》法《ほう》蓮《れん》華《げ》経《きょう》」と題目を刻むか、「○○家之墓」の文字の上に「妙法」と入れます。家名や家紋を入れるならば、台石や左右の花立てに刻むようにします。そして、故人の命日や法号などは墓石の側面などに刻みますが、埋葬者が多くなると刻みきれないので別に墓誌を建てます。

五輪塔を建てるならば、「妙・法・蓮・華・経」の五文字を刻むとよいでしょう。宝《ほう》珠《じゅ》・半円形・三角形・円形・方形が積み重なった五輪塔は、仏教の宇宙観をあらわす五大要素（空・風・火・水・地）を具現化したものです。また、板塔婆の上部の刻みも五輪塔の形を模しています。

お墓を建てたら開眼法要を行なう

新しくお墓を建てるときは、一周忌や三回忌などに合わせることが多いようです。お墓が完成したら住職に来ていただいて、開眼《かいげん》法要を行ないます。

また、お墓を移すことを「改葬」といいますが、もとのお墓で御霊《みたま》抜きの法要を行ない、遺骨を掘り出し、新しいお墓に入れるときに開眼法要を行ないます。

改葬するときは、もとのお墓の管理者から「埋葬証明書」を、新しいお墓の管理者から「受入証明書」をもらい、この二つの証明書をもとのお墓の所在地の役場に提出して「改葬許可証」の交付を受ける必要があります。

もとのお墓が寺院墓地にあった場合は、御霊抜きの法要に対する布施と、墓地の整理費用を分けて支払います。布施は、これまでの先祖供養に対するお礼の意味もありますから、できるだけのことをしたいものです。

納骨の時期はさまざま

遺骨をお墓に納めることを「納骨」といいます。納骨の時期は、家庭の事情や地域の風習などによってさまざまです。

すでにお墓があれば、四十九日《しじゅうくにち》の満中陰《まんちゅういん》に納骨することが多いようですが、火葬後すぐに納骨する地域もあります。

納骨の際には、菩提寺または家庭の仏壇の前で住職に読経《どきょう》してもらい、お墓へも同行していただき、お経をあげてもらいます。

塔婆供養は、先祖とお釈迦さまへの感謝

納骨や法事の際には先祖への追善供養の意味で、板塔婆を墓石の後ろに立てます。そして、菩提寺《ぼだいじ》の住職にお経をあげていただくことを「塔婆供養」といいます。

板塔婆の表には独特の筆法による〝ヒゲ題目〟と故人の法号《ほうごう》（戒名《かいみょう》）、年回忌など、裏には年月日や施主名が明記されます。

日蓮宗では、塔婆供養をすることはお釈迦さまを目の前に礼拝し供養をささげる功徳に等しいといわれています。年回忌に限らず、志に応じて塔婆供養をしたいものです。

板塔婆が古くなったら、菩提寺や墓地の管理者に頼んでおたき上げをしていただきます。

●板塔婆

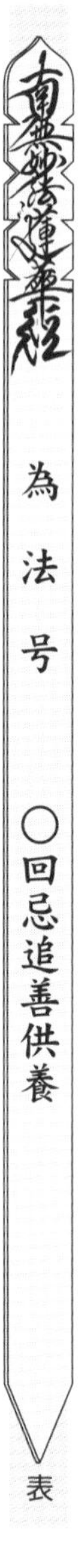

お墓参りに行ったら本堂にもお参りする

多くの方が毎年のお盆やお彼岸《ひがん》、そして法事の際などにお墓参りをします。

菩提寺の近くにお墓があるならば、まず本堂にお参りすることを忘れてはいけません。

お盆やお彼岸の時期には法座が開かれていることが多いので、ぜひ参列して、他の檀家の方とともに読経し、法話に耳を傾けるとよいでしょう。

また、お墓の管理事務所にもきちんとあいさつをします。

はじめに掃除をし、供物は持ち帰る

お墓参りに行くときは、線香やろうそく、生花、供物《くもつ》など、それから数珠もかならず持参します。

毎月のようにお参りをしているなら、当日、雑草を抜いて、墓石を洗うくらいでよいのですが、そうでない場合は事前に掃除をしておきます。掃除用具は持参するか、管理事務所で借りられるところもあります。

お墓の周囲をきれいにしたら生花を飾り、水鉢にも水を満たします。お菓子や果物《くだもの》などの供物は二つ折りにした半紙を敷いてそなえます。そして一人ひとり、線香をそなえ、数珠を持って合掌します。できれば読経したいところですが、「南無妙法蓮華経」と題目をとなえるだけでもよいでしょう。

お参りが済んだら火の始末をして、生花以外の供物はすべて持ち帰ります。供物をそのままにすると腐ったり、カラスなどが食い荒らして周辺を汚すことになるからです。

お墓参りの習慣をつける

最近では、お彼岸が連休になっていることもあり、家族そろって郊外の霊園にお墓参りに行くついでにレジャーを楽しむということも多いようです。

せっかくの機会ですので、子供や孫たちに作法を教え、お墓参りの習慣を伝えていってもらいたいものです。

故人の命日にはもちろん、思い立ったときに先祖のお墓の前で、静かに自分の心と対話するのはとてもよいことです。

第8章

心が豊かになる日蓮聖人の名言

鳥と虫とはなけども
なみだをちず、
日蓮はなかねども
なみだひまなし

『諸法実相鈔《しょほうじっそうしょう》』

●慈悲の心を磨こう

「鳥や虫たちは感情で鳴くことはありません。求愛行動や縄張り確保など、生きるために鳴いているのですから、涙を流すことはないのです。いっぽう、私（日蓮）は声に出してこそ泣きませんが、涙が止めどなく流れます」

それは、日蓮聖人が戦乱や天変地異などで苦悩する人々を目の当《ま》たりにしているからです。彼らを救いたいと願って『法華経』の布教に命をかけている聖人の〝慈悲〟の涙なのです。

そしてこの言葉は、「分け隔てなく慈悲の心を持って人と接しなさい」という日蓮聖人から私たちへのメッセージなのです。

人の身の五尺六尺の神《たましい》も
一尺の面《かお》にあらはれ、
一尺のかほのたましひも
一寸の眼の内におさまり候《そうろう》
『妙法尼御前御返事《みょうほうあまごぜんごへんじ》』

●世間は、いつでもあなたを見ている

「人の心の動きは顔にあらわれるものです。さらに顔のなかでも、眼を見れば一目瞭然《いちもくりょうぜん》なのです」

目は心の窓、ということですね。

日蓮聖人は、「人はいつも人格を丸出しで生きているのだから、嘘《うそ》をついたり、人をおとしめたり、身勝手な行動をしていることは、すべて世間の目に見られているんですよ」と戒めているのです。

それでは、日蓮聖人のいう恥ずかしくない生き方とは——。それは、『法華経』を深く信仰し、世間に対してごまかしをしない生き方なのです。

心の師とはなるとも
心を師とせざれ

『兄弟鈔《きょうだいしょう》』

●自分の心をコントロールする

『兄弟鈔』は池上宗仲《いけがみむねなか》兄弟に与えた書です。

「自分の心を統率する先生にならなければなりません。決して、移り変わる心を自分の先生として従ってはいけません」

この言葉はつまり、自分の心をコントロールするのは自分自身である、と教えています。

人の心はたえず変化しています。周囲の環境に振り回されて定まらないのです。そのため、何かを決断しようとしても、揺れ動く心が決めることですから、いつくつがえるか、自分にさえわかりません。

心の先生として、何事にもブレない自分自身を持つことが大切なのです。

もし人本《もと》悪無《な》けれども、
悪人に親近《しんごん》すれば
後《のち》に必ず悪人と成りて
悪名《あくみょう》天下に遍《あまね》し

『南部六郎御書《なんぶろくろうごしょ》』

●染まりやすい自分に気づく

人は誰もがきれいな心で生まれてきます。ところが、悪い縁と結びついてしまうと、それに引きずられて悪人となってしまいます。

人の心は、それほどまでに環境に大きく影響を受けるのです。

この言葉は、「本人がもともと悪くなくても、もし悪友と親しくなれば悪人になります。そして、その悪名は世間にひろまります」という意味です。日蓮聖人は、人間のこの〝染まりやすい〟という本性を忘れてはならないといっているのです。ですから、その本性を見据えて、もっぱら善行《ぜんぎょう》にいそしみ、悪行《あくぎょう》を遠ざける生活を心がける必要があるのです。

先《ま》づ臨終の事を習ふて
後《のち》に他事《たじ》を習ふべし

『妙法尼御前御返事《みょうほうあまごぜんごへんじ》』

●生と死の真実を受け入れる

「私たちはいつかかならず死を迎えます。死という現実を自分の心の中にしっかりと受け入れてから、人としてどのように生きるかを考えると、真の生き方が見えてくるのです」

仏教では、諸行無常《しょぎょうむじょう》（生あるものはかならず滅び、何ひとつとして不変なものはない）と説いています。お釈迦さまも、生死《しょうじ》の無常を目《ま》の当たりにして出家したのです。

つまり、死を納得することが仏教の最大のテーマなのです。

死は恐れるものでも遠ざけるものでもありません。死の覚悟ができていれば、人生は充実し、生きることがもっと楽しくなります。

いのちと申《もう》す物《もの》は
一切《いっさい》の財《たから》の中に第一の財《たから》なり

『事理供養御書《じりくようごしょ》』

●お金に使われる人生を卒業しよう

「充実した人生こそ、あらゆる財宝のなかでもっとも貴くかけがえのないものです」

いわれなくても命の大切さはおわかりでしょう。しかし、実際にわが身を振り返ってみてください。日々の生活の糧《かて》として働いてお金を得ていたはずなのに、いつしかお金を得ることが目的となり、充実して生きることにおろそかになっていないでしょうか。

お金で充たされることはたしかに多いかもしれません。しかし、それを限りなく望めば、いつか充たされない苦しみを味わうことになります。私たちに本当に必要なのは、お金ではなく、心の豊かさなのです。

人に物をほどこせば
我が身のたすけとなる。
譬《たと》へば人のために火をともせば
我がまへあきらかなるがごとし

『食物三徳御書《しょくもつさんとくごしょ》』

●布施できる喜びをかみしめよう

日蓮聖人は、信徒から農作物などの布施を受けたとき、かならずお礼の手紙を書いています。この言葉も、そんな手紙の一節です。

「人のために布施をすることは、その人のためになるばかりではなく、その人を通して世の中のためになり、やがては自分のためになります。人のために火をともしてあげれば、自分の前も明るくなるようなものです」

じつにストレートに布施の心を説いた言葉ですね。自分の損得を考えずに行なった善行《ぜんぎょう》によってこそ、功徳《くどく》（よいこと）はめぐってくるのです。人のために役立てることは、人間にとっていちばん幸せなのです。

一滴《いったい》をなめて大海《たいかい》の潮《しお》をしり、
一華《いっけ》を見て春を推《すい》せよ

『開目抄《かいもくしょう》』

●賢者は一を聞いて万を知る

『開目抄』は、日蓮聖人が佐渡流罪《るざい》中に自身の『法華経』の布教者としての自覚をあらわした書です。

「一滴の水をなめて海水の塩辛《しおから》さを知り、一輪の花を見て春の訪れを推察する」

一を聞いて万を知る、ということです。

日蓮聖人は、「『法華経』が他のお経よりもすぐれている点を一つでも見出すことができれば、すべての面で『法華経』がまさっていることを知ることができる」と述べています。

この一節は、一部分を見るだけで、そのものの本質を理解する鋭い感性の大切さを説いたものといえましょう。

ふねを水にうかべて
ゆきやすきように、
をしへ候《そうろう》なり

『上《うえ》野《の》殿《どの》御《ご》返事《へんじ》』

●教えることは、いつの時代も難しい

この言葉は、人に教えること（『法華経』の布教）のむずかしさを説いています。

陸《おか》にあがっている舟は、いくら押してもピクリとも動きません。地面と舟底に抵抗があるからです。しかし、水に浮かべれば、わずかな力で進んでいきます。

このように教える側は、抵抗なく学べるように手助けすることが必要です。たとえば、「競わせる」「好奇心を持たせる」「ほめる」「励ます」といった方法があります。いっぽうで、教わる側も理解しようという気持ちがなければ、知識は深まりません。お互いの熱意が抵抗をなくす潤滑油となるのです。

つたなき者のならいは
約束せし事を
まことの時はわするるなるべし

『開目抄《かいもくしょう》』

●厳しい約束を守ることで、人は評価される

「愚かな者は、とかく約束したことを大切なときに忘れてしまうものです」

日蓮聖人のいう約束とは、どのような苦難にあっても『法華経』の信仰を守り、ひろめることです。

『開目抄』は、日蓮聖人が佐渡に流された直後に執筆されたものです。鎌倉で弾圧を受けていた信徒たちの多くは、わが身の危険から法華経信仰を放棄してしまいました。聖人はそれを嘆いたのです。

ギリギリに追い詰められたときに約束を守れるかどうか、そこで人間の評価が定まるのです。

重病のものに
良薬《りょうやく》をあたうれば、
定めて口に苦《にが》しとうれう

『開目抄《かいもくしょう》』

●正論を貫く勇気と、耳を傾ける寛容さ

「重病の人によく効く薬を飲ませると、苦いといって顔をしかめる」

良薬は口に苦し、という意味です。日蓮聖人は、鎌倉幕府を何度諫《いさ》めても、意見を聞き入れてもらえませんでした。『法華経』という良薬は、幕府にとっては顔をしかめるほど苦い薬だったのでしょう。

私たちの生活のなかでも、口うるさく意見する人は煙《けむ》たがられます。たとえそれが正論であっても同様です。しかし、誰かが正論を言いつづけなければ、物事は改善されません。正論を貫く勇気を日蓮聖人は教えてくれているのです。

仏《ほとけ》と申《もう》すは正直《しょうじき》を本《もと》とす

『法華題目鈔《ほっけだいもくしょう》』

●信じきれば、正直になれる

「お釈迦さまは、正直であることを根本としておられます」

いつの世においても、正直に生きることは人間の基本的な倫理規範です。しかし、私たちは人間関係や欲望を優先するあまり、つい正直に生きているふりをしていることが多いのではないでしょうか。

日蓮聖人はちがいます。『法華経』こそ、お釈迦さまが説かれた最高の経典であることに対して真正直に向かい合いました。批判を恐れず正直に生きるのは、とても生きづらいことです。しかし、それが正しいことであるなら、かならず一筋の光明《こうみょう》が見えてきます。

矢のはしる事は弓のちから、
くものゆくことは竜《りゅう》のちから、
をとこのしわざは
めのちからなり

『富木尼御前御書《ときあまごぜんごしょ》』

●男女平等が仏教の根本精神

「矢が飛んでいくのは弓の力によります。雲ができるのは龍神（仏法を守り、雨を降らせ、水を守るといわれる龍の姿をした神）の力によります。そして、夫が仕事に精を出せるのは妻の力によるのです」

これは、下総《しもうさ》の有力信徒富木常忍《ときじょうにん》の夫人に宛てた手紙の一節です。母親の遺骨を納めるため身延山に来た常忍から、「病身の妻がかいがいしく母親の看護をしてくれた」と聞いて、夫人の内助の功をたたえたのです。

男尊女卑の時代にありながら、何人《なんびと》も仏子《ぶっし》として男女平等の眼で信徒たちに接していた日蓮聖人の視点をうかがうことができます。

参考文献
（順不同）

『信行必携』 日蓮宗新聞社
『日蓮宗信行要典』 池上本門寺
『わが家の宗教　日蓮宗』 渡辺宝陽・庵谷行亨著　大法輪閣
『知っておきたい日蓮宗』 庵谷行亨監修　日本文芸社
『うちのお寺は日蓮宗』 藤井正雄総監修　双葉社
『日蓮宗のしきたりと心得』 全国日蓮宗青年会監修　池田書店
『よくわかる仏事の本　日蓮宗』 松村寿巌監修　世界文化社
『日蓮と法華経信仰』 読売新聞社
『日本の仏教』 渡辺照宏著　岩波新書
『早わかり日本仏教史』 大法輪閣
『日本仏教宗派のすべて』 大法輪閣
『お経　日蓮宗』 渡辺宝陽編著　講談社
『誰でもわかる法華経』 庵谷行亨著　大法輪閣
『仏事の基礎知識』 藤井正雄著　講談社
『葬儀・戒名――ここが知りたい』 大法輪閣
『仏教名言辞典』 奈良康明編著　東京書籍

◆監修者プロフィール

庵谷行亨（おおたに・ぎょうこう）

1949（昭和24）年、京都府出身。

立正大学仏教学部宗学科卒。同大学大学院博士課程単位取得。

現在、立正大学仏教学部教授、静岡市・宗長寺住職、博士（文学）。

著書に『日蓮聖人教学の基礎』『法華経信仰の世界』『日蓮聖人の宗教世界』『日蓮聖人の教えと現代社会』（以上、山喜房佛書林）、『わが家の宗教・日蓮宗』共著、『誰でもわかる法華経』（以上、大法輪閣）、『日蓮聖人のこころ』『法華信仰の道』（以上、日蓮宗新聞社）、『日蓮聖人全集』第三巻（春秋社）、『日蓮聖人御遺文　開目抄』共編著（四季社）、『知っておきたい日蓮宗』監修（日本文芸社）、『報恩抄ノート』共監修（東方出版）など多数がある。

日本人として心が豊かになる
仏事とおつとめ　日蓮宗

発行日　2008年2月26日　初版第1刷発行
発行日　2020年8月15日　　第4刷発行

監　修　庵谷行亨
編　著　株式会社 青志社
装　幀　桜井勝志（有限会社アミークス）
発行人　阿蘇品 蔵
発行所　株式会社 青志社
〒107-0052　東京都港区赤坂5-5-9 赤坂スバルビル6F
Tel（編集・営業）　03-5574-8511
Fax　03-5574-8512
印刷・製本　中央精版印刷株式会社

ISBN978-4-903853-20-8 C2015